阅读成就思想……

Read to Achieve

心理学与商业应用系列

职场性格图鉴
如何在职场关系中游刃有余

［日］片桐爱唯◎著　蔡明明◎译

職場の「苦手な人」を
最強の味方に変える方法

中国人民大学出版社
·北京·

图书在版编目（CIP）数据

职场性格图鉴：如何在职场关系中游刃有余 /（日）片桐爱唯著；蔡明明译. -- 北京：中国人民大学出版社，2023.8
　ISBN 978-7-300-31951-3

Ⅰ．①职… Ⅱ．①片… ②蔡… Ⅲ．①人际关系学－通俗读物 Ⅳ．①C912.11-49

中国国家版本馆CIP数据核字（2023）第129986号

职场性格图鉴：如何在职场关系中游刃有余
[日] 片桐爱唯　著
蔡明明　译
ZHICHANG XINGGE TUJIAN：RUHE ZAI ZHICHANG GUANXI ZHONG YOURENYOUYU

出版发行	中国人民大学出版社			
社　　址	北京中关村大街31号		邮政编码	100080
电　　话	010-62511242（总编室）		010-62511770（质管部）	
	010-82501766（邮购部）		010-62514148（门市部）	
	010-62515195（发行公司）		010-62515275（盗版举报）	
网　　址	http://www.crup.com.cn			
经　　销	新华书店			
印　　刷	天津中印联印务有限公司			
开　　本	890 mm×1240 mm　1/32		版　次	2023年8月第1版
印　　张	5.625　插页 1		印　次	2023年8月第1次印刷
字　　数	114 000		定　价	65.00元

版权所有　　　侵权必究　　　印装差错　　　负责调换

译者序

亲爱的读者，我非常高兴能通过《职场性格图鉴：如何在职场关系中游刃有余》这本书与你相遇，以书会友。

这本书源自日本，原书作者片桐爱唯是一位职业规划顾问（CDA）和人际关系问题解决顾问，拥有丰富的人才培养咨询经验，也出版过多部与职场相关的书籍。我有幸担任本书的翻译工作，并且在翻译期间考取了中级生涯规划师，这真是一种奇妙的缘分。

说起来，在我们每个人的职业生涯中，都难免会遇到一些人际问题。无论是与同事合作困难，还是与上司或下属之间有沟通障碍，都可能会对我们的工作和个人成长产生影响。在翻译这本书的过程中，我深刻意识到了这一点。

职场中的人际问题常常涉及不同的个性、价值观和沟通风格之间的冲突。如果我们发现自己无法理解某些同事的行为或决策，或者我们的工作方式与其他人不太相容，那么通过理解和应用九型人格理论可以帮助我们更好地认识和适应不同的工作伙伴。

九型人格理论在国内流行多年。在国外，它不仅在斯坦福大学的

MBA 课程中得到应用,而且被美国中央情报局(CIA)纳入培训体系。此外,在日本许多企业也广泛采用该理论。九型人格理论提供了一种框架,用于描述和解释人们在行为和思维方式上的差异。通过了解不同类型的人的优势和盲点,我们可以更好地理解他们的动机和行为模式。这有助于我们提升沟通技巧、构建更有效的合作关系,并在职场中更加灵活地应对各种人际挑战。

举个例子,根据本书的描述,我的特点更倾向于符合类型 2 "多管闲事·干涉型"。这种类型的人非常愿意帮助他人,从中获得价值感,但问题是可能会过度干预他人的事务,导致失去边界感,或者让对方产生依赖。当翻译到这个部分的时候,我不禁频频点头(笑)。相信你在阅读本书的过程中,也可以对应去找出自己符合的类型,对性格特点、行为模式和价值观有更全面的了解。只要增加一份觉察,你的行动就会潜移默化地发生改变。同样地,你也可以尝试将这个模型应用到身边的人身上,去理解他们与你的行为差异的根源,并更深层次地思考是什么价值观导致了这些差异。

我相信,仅仅是意识到"人与人之间是有差异的"这一点,就能解决很多人际关系的根本矛盾。就像这本书中说的,"自己的常识,不是别人的常识"。这个道理看似简单,但是在我们看不惯别人、觉得难以理解他们的行为时,往往会忽略这个最简单的事实。

只要能够转念,改变就会发生。

另外,每种类型人格消极面的背后,一定会有积极面。比如类型

5 "分析·评论型"的人，注重数据，不擅长沟通和与人打交道。但他们收集和分析信息的能力非常强，对于自己擅长的领域，他们会毫无保留地分享知识。

谈到这里，既然这本书是一本性格图鉴，你在阅读时不仅可以按顺序阅读，也可以将其作为一本职场性格的"检索"工具。当你遇到一个觉得比较"难搞"的人时，就可以翻开这本书，找到他们特点倾向的类型，根据自己的特点，采取相应的相处或协作方式。在本书建议的应对方法上，可能会存在一些文化差异的部分，我们可以参考作者的思路，用自己的方式处理。

当然，我还想提醒一点的是，无论是九型人格，抑或是任何一种性格测试，结果都可能是单一的。而人是立体的、多面的和丰富的，而且一直在不断变化。人格理论只是一种工具，就像"尺子"一样。我们要学会以发展的眼光看待自己和他人，避免陷入"刻舟求剑"的误区。

此外，我还想分享这本书带给我的另一个启示，即"要跳出自己的舒适区与他人交往"。我相信有些朋友和我一样，喜欢与志同道合的人相处，对于与自己观点不同的人，往往只是点头之交，甚至避而远之。阅读这本书后，我理解到，与人格类型差异较大的人交往需要更多的包容和磨合，因为人天生不喜欢做费力的事情。然而，如果我们能够扩大自己的"人际交往阈值"，那就可以促进我们的成长，产生新的灵感和智慧。

说了这些跟本书相关的内容，以及我的一些理解和体会，如果能够给大家带来一个新的视角，我将备感荣幸。将一本书从日语翻译成中文并非易事，因为日语和中文在语法结构、词汇用法和表达方式上存在很大差异，对我的日语和中文能力都是很大的考验。尽管这是我翻译的第二本书，但一开始仍然感到吃力。如果你在阅读时，发现有什么地方翻译得比较拗口，还请予以指正。

"翻译"作为 AI 替代率排名第一的职业，我相信很快就会出现完全由 AI 翻译的书籍，所以朋友戏称我为"末代翻译家"。我是站队拥抱科技发展的人，但我也相信无论 AI 发展到何种程度，人类真实的一面是无法被取代的。人性的缺陷与光辉同样有着魅力。人与人之间的联结是无法取代的，甚至可能变得更加重要。在翻译这本书的过程中，我去了许多地方，结交了许多朋友。希望它也能陪伴着你，去到人心更深处的地方。

最后，谢谢吴晓波先生和秦朔先生，感谢你们对这本书的推荐。

也感谢中国人民大学出版社的编辑老师们对我的支持和信任，他们对我的翻译工作给予了许多鼓励和帮助。同时，也要感谢我的家人和朋友，谢谢他们对我的支持和理解。

前　言

很多职场人最苦恼的问题就是职场人际关系。

- ▼ 需要得到批准，但面对心情不好的上司，有点战战兢兢。
- ▼ 每次会议都会颠覆原本的已决事项，面对认死理的同事有点冒冷汗。
- ▼ 下属不停地寻找理由来逃避工作，面对这种不遵从指示的人很烦躁。

你是否也被职场中这些难搞的人所左右，无法如愿开展工作呢？

这种情况会使你的工作产出和动力下降，给工作带来负面的影响，也会给公司和团队的业绩带来很大的损失。

早在以前，书店里就满是旨在改善职场人际关系的书籍，其中有一些还成了畅销书。然而，这些书籍中大多数将重点放在了心理问题上，并提供了一些逃避、远离、增强信心等心理学应对方法。

当然，我相信一定有人通过上述方法改善了人际关系。这些方法确实会使人们的心情变得更轻松，对难搞的人也变得不那么在意，这种心态的调整很重要。

但是，这样并不能从根本上解决问题。为什么这么说呢，因为"上司"和"下属"这些人是真实存在且需要你去面对的。除非与他们的人际关系得到改善，否则你的工作效率不会提高，业绩也不会提高。

我写这本书的目的就是要帮助大家消除职场人际关系的烦恼，与难搞的人一起把事做成，取得相应的成果。为了达到这个目的，我的方法是根据人格类型把人进行分类，运用九型人格理论分析对方。

本书将把职场中难搞的人的人格分成以下九类。紧接着，会重点分析每种人格类型的负面特征。

- ▼ 类型 1= 自我完美主义型（又称：正义的人）
- ▼ 类型 2= 多管闲事·干涉型（又称：贡献的人）
- ▼ 类型 3= 自大·抢功劳型（又称：成果的人）
- ▼ 类型 4= 过于有个性·嫉妒型（又称：个性的人）
- ▼ 类型 5= 分析·评论型（又称：剖析的人）
- ▼ 类型 6= 谨小慎微型（又称：信赖的人）
- ▼ 类型 7= 容易厌倦·找借口型（又称：乐观的人）
- ▼ 类型 8= 重视输赢·拼尽全力型（又称：力量的人）
- ▼ 类型 9= 不挑明·磨蹭型（又称：和平的人）

基本上，通过以上九种分类，你会了解解决当前人际关系问题的方法。

前　言

当你了解了对方的人格类型，并根据其特征采取了适当的解决方法，你就能够集中精力完成自己的工作，而不会被上司、下属或其他人的情绪左右。

此外，那些你一开始认为很棘手的人也可能会变成你的强大盟友。

希望通过阅读本书，你可以找到应对职场中的困扰和压力的方法，比以前更轻松愉快地工作，创造佳绩。

目 录

第 1 章
五个练习，立刻改善与难搞的人的关系

要想改善人际关系，先把感情和关系放一边　3
解决眼前人际关系问题的五个练习　4
　练习 1　控制自己心中的想象　5
　练习 2　停止负面思考，替换成理想的画面　7
　练习 3　制作人际关系图，恢复冷静　8
　练习 4　将关系改善后的收获可视化　10
　　◉ 想象三年后两个人的未来　12
　　◉ 写下未来可能会产生的负面影响　12
　练习 5　控制想要掌控对方的情绪　13

第 2 章
分析九种人格类型，发现难搞的人的特点和对策

人可以按九种人格类型分类　19

将难搞的人分为九类　20

类型 1　自我完美主义型　25
- 特点：为了维护自己的完美目标，会把自己的标准放在团队之上　25
- 分析：这种类型会成为得力的伙伴，但也会是扰乱团队的主要因素　27
- 对策：和他一起思考自己和团队的共同理想，并修正目标　28

类型 2　多管闲事・干涉型　33
- 特点：虽然有同情心，但忽略了人本身是问题的一部分　33
- 分析：亲民体贴，但不懂得如何保持适当的距离　35
- 对策：首先表达具体的感谢，然后重新审视角色分工　36

类型 3　自大・抢功劳型　42
- 特点：实战能力强，但爱自我表现，独来独往　42
- 分析：工作效率高，出成果快，但与团队的协作存在问题　44
- 对策：首先与对方建立信任关系，拉近彼此的心的距离　45

类型 4　过于有个性・嫉妒型　51
- 特点：倾向于追求独特性，比起团队的正确性更注重个人特色　51
- 分析：注重个性，如果不被认可，则倾向于逃避现实　54
- 对策：在规则内发挥他们自由的想法　54

类型 5　分析・评论型　60
- 特点：会输入且分析大量的信息，但输出较少　60
- 分析：擅长收集信息，但往往容易陷入自我封闭的状态　62
- 对策：通过寻求他们所积累的知识，来促进他们的知识输出　63

类型 6　谨小慎微型　69
- 特点：如果在组织中受到保护，就能够安心地活跃　69
- 分析：擅长预测风险，但当存在不确定性因素时，会变得过于谨慎而不行动　71
- 对策：为他提供保护，以及创造一个可令他安心发挥的环境　73

类型 7　容易厌倦·找借口型　78
- 特点：只喜欢有趣的东西，不断地涌现新的想法　78
- 分析：无法完成任务，一直停留在嘴上说说　80
- 对策：尊重他们觉得"有趣"的感觉，支持其完成目标　81

类型 8　重视输赢·拼尽全力型　87
- 特点：沉浸在追求胜负之中，无法考虑他人的感受　87
- 分析：表面上希望被人高看，内心其实是胆小鬼　89
- 对策：试着再靠近一步，消除对方的警惕心　92

类型 9　不挑明·磨蹭型　97
- 特点：观察着周围，踏实地做好自己应该做的事　97
- 分析：为了同事间的和谐，会选择自己忍耐　100
- 对策：提高其团队合作意识，让他们拥有为团队做出贡献的经验　101

第 3 章
知道自己的类型，让人际关系变轻松

知道自己的类型，就知道如何与他人相处　109

了解自己的优势，是获得他人信任的第一步　112

意识到自己的缺点，就会产生改善的想法　113

自己的常识，不是其他类型的常识　113

从不同的商务场景来看在工作中取得成果的改善要点　114

- 初次见面如何展示优点　114
- 会议发言小妙招　116
- 谈判中的制胜法宝　117

第 4 章
学习各类型的优势，以实现个人成长

性情相投的人一起工作会让人觉得舒服，但无法获得成长　123

从调和彼此的分歧中获得新的发现　124

- 成功吸引喜欢分析、独来独往的类型 5 的案例　125
- 如何有效领导安心安全型的类型 6 下属的案例　126
- 类型 5 的上司和类型 9 的下属配合无间、推进工作的案例　127

把各种类型的人聚集起来，才能组建一个好的团队　129

吸取其他类型的优点，就会成为近乎完美的人　130

学习其他类型，是打开可能性的成长的钥匙　133

附　录　各类型的对下属的指导方法和与上司的相处方法　141

结　语　161

第 1 章

五个练习,立刻改善与难搞的人的关系

要想改善人际关系，先把感情和关系放一边

上司和下属在项目例会上不断重复"口水战"。

下属　说实话，按照目前的进度，很难按计划完成。（本来交付时间定得就不合理，根本不可能赶得上。）

上司　现在只剩一个月了，你才说搞不定，那怎么办……（又是这样，交付时间不是再三跟你确认过了吗？）

下属　就算每天晚上通宵赶工，也不可能按时间交付的。（你把事情都丢给我，出了问题又不出面解决，那你至少得帮着把人组织起来干啊……）

上司　你要是早说，或许还能有别的办法，现在这种情况，你这么说又能怎么办呢！（生气！）

下属　（真是没用的领导！）

下属没有做到必要的报告 – 联络 – 协商（简称"报 – 联 – 商"）。上司也没有对下属的能力做预判，并进行适当的工作分配。

无法让工作按计划推进的下属；工作完全丢下去，并且不确认进度的上司——在职场中，你有没有这样的下属和上司呢？

如果在会上吵完之后，这种沟通模式还在日常工作中被不断地重复，双方的不信任和失望就会不断加强，慢慢地会导致团队的生产力下降。

如果站在客观的角度看，我们就会知道，在这个案例中，首要考虑的应该是如何让项目如期交付。

所以，在这个节点上应该做以下三件事情。

- 现状分析：从现在开始必须做什么。
- 人手确保：确认在期限内完成工作需要多少人手。
- 计划梳理：具体来说，就是梳理何时、谁必须做什么。

情绪上再怎么不痛快，关系再怎么焦灼，对解决问题一点帮助都没有。在这种情况下，放任负面情绪流动，比如刻意地减少与对方的接触或抱怨，只会令工作止步不前，解决不了任何问题。不用我说，相信大家也知道这些。

解决眼前人际关系问题的五个练习

在这里会产生问题是因为，双方对"上司该有的样子"和"下属该有的样子"都有各自的想象。

恐怕你也有"如果我是下属，我就会这样做""如果我是上司，我就会这样做"的理想化期待吧。换句话说，这是把自己想象中的形象投射到对方身上。但是，在对方身上投射期许或想象，是无法提高整个团队的生产力的。

因此，不要停留在"这个人真没用"的想法上。我来给你介绍一下改善人际关系的五个练习吧。

练习 1　控制自己心中的想象

觉察到自己心中有主观的想象时，练习重新思考"推进项目的必要事项是什么""怎么做才能更好地推进工作"。

想象终究只是你自己的想象。

你要先问问自己，"我有没有把自己的想象强加在对方身上""我有没有因为自己的执念而过度要求对方"。在这个基础上，问一问对方的期待，也跟对方说一说自己的期待，找到共通点。

找到共通点之后，重新思考一下：这些期许或者说想象对彼此来说真的有必要吗？我们来看看下面的例子。

上司对下属的想象

 上司：下属就应该对上司言听计从。

➡ 所以，下属就应该按照计划引入新的流程，完成工作。

但真正必要的是，按照计划引入新的流程，从而提高团队的生产率。

上司：年轻员工没有斗志，得给他们加压。

➡ 所以，工作辛苦是正常的，大家都要给我加油干。

> 但真正必要的是，大家一起面对并克服困难，增强团队的凝聚力。

下属对上司的想象

 下属：做上司的就应该发挥强大的领导力。

➡ 所以，客户和公司其他部门压给我们部门的需求，上司就应该挡回去。

> 但真正必要的是，从公司整体的角度去考虑，由上司来调配自己部门的任务。

 下属：上司应该发挥影响力，对外展示我们部门的实力。

➡ 所以，上司应该让公司高层和其他部门认可我们的团队能力。

> 但真正必要的是，上司要做出公正的评价，并汇报给上级领导和公司的其他部门。

练习 2　停止负面思考，替换成理想的画面

这就是把负面的记忆替换成理想的画面。例如，当人在公众场合被批评或责备，经历了自己不希望发生的事情后，只要有一次负面记忆，它就会在脑海中反复浮现。但是，这种记忆可能不是事实，而可能是对事实的一种扭曲，我们需要通过自己努力，把负面的记忆重写成积极的理想形象。

由于人天生具有自我防卫本能，所以往往认为自己并不是问题的源头，而是把责任推给对方或环境，并把发生的现实事件改写成对方是坏人的剧本。

这样一来，对对方的负面情绪就会越来越强烈，最终在真正与对方相处时，甚至无法做到公事公办。

当这种负面思维出现时，你就需要在自己内心按下停止键，停止思考，然后说服自己这种思维和情绪毫无意义。接着，你需要把这种思维转化为理想的画面。

比如，如果以前你在工作中被某个上司批评过，那么即使知道这个人是关键人物，你也希望能够避开他。如果可以绕路而行，在推进工作时避开对方，你也会尽量这么做。

在这种时候，想象一下你心中理想的关系。

▼　你和那位上司亲切地交谈，并且这场谈话是可以让工作推进的。

▼ 你得到了这位上司的帮助，正在对他说感谢的话。

▼ 你们在干杯，庆祝工作的成果。

如果你能想象到这样的场景，那就太好了。在反复想象之后，当你在现实中与很难相处的上司在工作中接触时，自己的表情和表达也会慢慢出现积极的变化。

虽然可能很难马上做到，但如果你掌握了这个方法，就不会任由负面的回忆吞噬你的情绪，也可以避免不能看着对方的眼睛说话的情况。

练习3　制作人际关系图，恢复冷静

当你的人际关系变得不好的时候，你的注意力会集中在那个与你不对付的人身上。这种时候，制作人际关系图（如图1-1所示）可以有效地帮助你恢复理智。根据下面的步骤，试着写一下吧。

人际关系图的制作方法

① 取一张空白的A4纸或者笔记本纸，横向展开，在正中间写上"我"，用圆圈把"我"圈起来（图中是黑色圆圈白底字）。

② 竖着画一条线，把公司内部和外部分开。

③ 把公司各部门、公司外部等相关的所有你能想起来的人的名字，在"我"的周围写下来。从与自己关系最近的公司和人开始写。

第 1 章　五个练习，立刻改善与难搞的人的关系

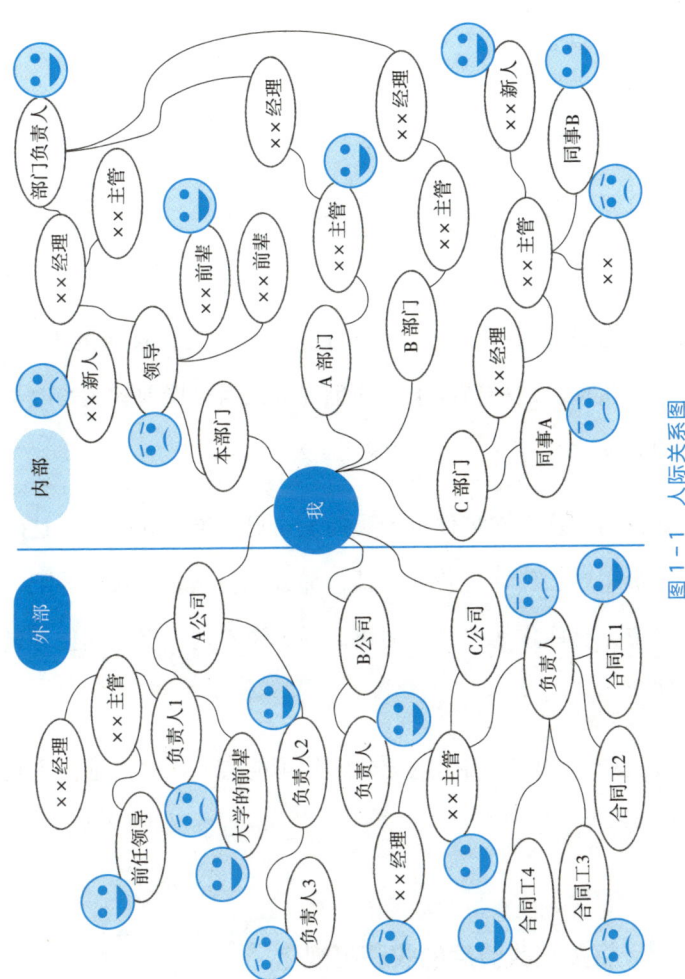

图 1-1　人际关系图

④ 最后，在你写出来的人名旁边，用表情或文字（喜欢、生气、难相处等）标注你对他们的感觉。

▼ 也可以加上家人和朋友的名字。

看看图，难搞的人是不是一目了然了。

制作这张图的目的是希望你意识到，并不是只有难搞的人在支配着你的人际关系。

另外，通过观察图 1-1，你也可能会意识到在难搞的人的周围，也许有你的伙伴。这种情况下，你也许可以通过周围的人来改善与难搞的人的关系。

例如，当你感觉被与你有矛盾的上司逼到绝境的时候，这时如果有一位老员工站在你这边替你说话，那么你会感觉轻松一些吧。只要你拜托对方，有些你无法与上司讲的话，说不定可以让这位老员工帮你开口转达。

通过这种向周围人借力的方式，你可能会一点一点地找到摆脱糟糕的人际关系的方法。

练习 4　将关系改善后的收获可视化

想一想你通过努力，与难搞的人改善了关系之后，会有什么收获，并在本子上记下来。

这里的关键是，即使现在两人的关系糟糕到极点，也要去想假如关系得到了改善，那么会有什么好事等着你。关于收获，有以下这些例子。

> 关于收获的例子

- ▼ 收获关于如何完美地完成工作的建议。
- ▼ 上司指派其他人来协助自己的工作。
- ▼ 收获上司让自己参加会议，并且在会议上做展示的机会。
- ▼ 收获做出有独创性提案的启发。
- ▼ 收获可以提高说服力的重要数据。
- ▼ 收获信任，从而获得一些被委任工作的机会。
- ▼ 在和有压迫性的人沟通时，可以营造出一种容易沟通的氛围。
- ▼ 获得重要的合作（工作）伙伴，在关键时刻，他们成为自己强有力的支持者。
- ▼ 在项目成功时，和团队成员一起庆祝。

也许你会觉得"在现在这种情况下，根本不可能"，那也请你勉为其难地想一想。通过反复的思考、想象，你实现这些收获的可能性就会提高。

另外，在不断的想象中，除了难搞的人，也会有其他的人浮现在你的脑海中。

在你试图改善与周围人的关系的过程中，那些人也许会成为助你一臂之力的人。这样的发现也是制作人际关系图的好处。

更为重要的是，重置过去的故事，描绘出两人未来的故事，然后向前进。

如果只是停留在现有关系的基础上看待事情，就无法扭转之前事件的负面影响，也就无法描绘对于自己来说最好的故事情节。

想象三年后两个人的未来

如果能做到上述那一步，你就可以再往前推进一些。如果前面的想象都实现了，再继续想象一下三年后两个人的未来。

这一步的关键不在于两个人的关系实际会变成什么样，而在于思考一下在更长的时间跨度里，你希望人际关系会变成什么样。

请一定要放飞自我，想一想三年后你理想的未来的脚本。

我相信，仅仅想象，你的心情也会变得更舒畅一些。另外，在练习的过程中，你今后与他人的相处方式也会自然而然地呈现出来。

写下未来可能会产生的负面影响

另外，我也建议把另一面——如果不改善与他人的关系，从明天开始到未来可能会产生的负面影响写下来。

> 负面影响的例子

- ▼ 只要一想到必须跟那个人说话，工作的动力就下降。
- ▼ 为了说服对方，需要花费更多的时间。
- ▼ 如果双方都避免工作上的接触，那么双方都很难获得彼此需要的工作信息。
- ▼ 对方也觉得我沟通不了，所以那些我应该参加的会议也不叫我。
- ▼ 如果对方是上司，我就无法获得公正的评价，晋升之路也会受阻。

即使你觉得不会有那么多不合理的事情发生，也要尝试着把你所能想到的负面影响全都写出来。这时，你一定会出现类似不安、不满、不公平的情绪。

与其让这些负面的情绪存在于脑海中，还不如通过可视化的方式让自己更客观地看见它们，这也是写下它们的意义。

练习 5　控制想要掌控对方的情绪

当我们工作进展得不顺利、精神压力不断累积、感到很疲惫时，我们会不自觉地想要去掌控别人。自己的状况越糟糕，就越缺乏心力，在无意识的时候，这样的想法就会启动："我需要保存自己的精力，所以我得去控制别人（让别人按照我的想法去做）。"

如果对方是下属，我们就会用命令的口吻强行发布指令，而不去确认对方的想法。如果对方是上司，我们就会说是因为上司吩咐的事情太难了，为进展得不太顺利的部分找借口，或者把责任推卸给其他人或其他团队。

可是，如果一直这样把责任转嫁给他人，却不找自己的原因，就会让自己和他人的关系越来越糟糕，进一步地引发负面连锁反应。如果意识不到人际关系变差是因为自己这样的心态，就会不管不顾，任其发展了。

要从这样的状态中抽离出来，可以按以下三个步骤去实践：

- 觉察；
- 询问；
- 选择。

觉察，指的是要先觉察到自己的状态不太好。"噢，我的精力在下降了""我好累啊"，等等。如果你发现你能够客观地看待自己，第一个步骤就完成了。

询问，指的是试着冷静地问问自己："我是不是想要控制对方？""原本我该怎么做呢？"如果在这里发现了问题，那就尝试给出几个有效的解决对策。

选择，指的是再从几个解决对策中，按照自己的意愿去选择。

以下面的例子为例。

- 觉察：在回家前，你去公园的椅子坐上 10 分钟，一个人待着，客观地回顾一下自己的状态。比如，你意识到今天对下属说的话可能有点过分了。

- 询问：问问自己，"本来应该怎么做才好呢""那么，明天要跟他怎么说呢？什么时机会比较好"，等等，具体想一想，然后出几个候补选项。

- 选择：明天我先跟他打招呼，邀请他一块吃饭吧，或者叫他一起喝一杯，等等，从自己想到的选项里选择一个去实践。

如果有意识地按照这三个步骤去尝试，你就可以停止把责任转移到其他人身上的负面连锁反应，从而找到进入积极正向循环的契机。

重复这样的步骤，就会发生"自己改变，周围也会随之改变"的现象。

在下一章，我会把人的特征按照九种类型划分，并且介绍改善关系的方法。

第 2 章

分析九种人格类型，发现难搞的人的特点和对策

人可以按九种人格类型分类

现今流行的众多理论中，有把人格按照九种类型分类的九型人格理论。它的起源众说纷纭，相传是距今 2000 年前诞生的，是当时伊斯兰地区的王室口口相传的帝王之学。

随后，它传播到欧洲，现在变成了在商业上也有所运用的一门学问。不仅是斯坦福大学的 MBA 课程，也被美国中央情报局纳入了培训体系。另外，在日本有很多企业也在采用这一理论。

在这一章里，我们会运用这个九型人格理论，把职场中难搞的人按照九种类型分类，说明各自的特点，并进行分析。之后，我会说一说每一种类型的基础应对策略，也请你思考一下，如何跟你觉得"难搞的"下属和上司共处。

将难搞的人分为九类

类型 1 　自我完美主义型
（又称：正义的人）

会受限于自己的理想和坚持

━━━━━━━━━━━━━━ 特征 ━━━━━━━━━━━━━━

- 常常会追求自己心目中的完美。
- 遵从自己既定的规则，但如果过度追求完美的话，可能会强求对方也遵守。
- 会朝着原本应有的状态推进，具备改革的动力。
- 个人主张很强，可能会过度关注细节。

类型 2　多管闲事·干涉型
（又称：贡献的人）

装出好人的样子去接近人，但很难缠

━━━━━━━━━━━━━ 特征 ━━━━━━━━━━━━━

- 很会体谅人，如果看到有人遇到麻烦就不由自主地想伸出援手。
- 喜欢做会被别人感谢的事情。
- 因为过于干涉别人的事情，会经常说或做一些超出自己职责或权限的事情。
- 跟别人相处时很难保持适当的距离。
- 因为没有恶意，所以一旦形成依存状态反而很难处理。

类型 3　自大·抢功劳型
（又称：成果的人）

希望自己是引人夺目的主角

━━━━━━━━━━━━━ 特征 ━━━━━━━━━━━━━

- 会很容易抓到工作的要点，效率很高。
- 喜欢能够引人注意的工作，不喜欢埋头苦干。
- 很擅长吸引别人的注意，自我表现欲很强，可能会扰乱团队协作。
- 想要得到他人的好感和认可。

类型 4 过于有个性·嫉妒型
（又称：个性的人）

说是一套，做是另一套

―――――――――――― 特征 ――――――――――――

- 想法很有独创性，能想出谁也想不到的独特点子。
- 不按常理出牌，不喜欢集体行动。
- 不会跟随大部分人的意见，追求自我，可能会扰乱和谐。
- 不好好地回答问题，也常常会把话题岔开。

类型 5 分析·评论型
（又称：分析的人）

缺乏行动，会列举理论，显得很有道理

―――――――――――― 特征 ――――――――――――

- 喜欢对自己有兴趣的事情进行信息收集和分析。
- 输入很多，但输出很少。
- 不行动，光在头脑层面堆积知识，所以常常会成为评论家的角色。

类型 6　谨小慎微型
（又称：信赖的人）

如果不能保障安心、安全，则无法行动

特征

- 喜欢在团队中扮演特定的角色，并努力履行自己的职责。
- 对风险敏感，经常预测最坏的情况，并采取措施避免危险。
- 在得到权力者的保护和安全保障的环境下，能够充分发挥自己的能力。
- 一旦出现更强大的权力者，倾向于毫不犹豫地改变立场。

类型 7　容易厌倦·找借口型
（又称：乐观的人）

想到什么就去做，但很难有始有终

特征

- 比起自己应该做的事，可能会优先做自己觉得有趣的事。
- 想法很多，常常会做出新的计划，但不善于坚持到最后。
- 气氛担当，受人欢迎。
- 如果被逼得走投无路的话，往往会找一些自私的理由。

类型 8 重视输赢·拼尽全力型
（又称：力量的人）

有压迫性，会制造让人很难畅所欲言的氛围

━━━━━━━━━━ 特征 ━━━━━━━━━━

- 虽然没有恶意，但是常常在初次见面时会展现有压迫性的态度，制造让人难以畅所欲言的氛围。
- 容易陷入要么输要么赢、黑白分明的观念里。
- 关心下属和伙伴，会保护他们避免受到外部的压力。
- 其实气量很小，也很温柔，但是不想被别人看到这一面。

类型 9 不挑明·磨蹭型
（又称：和平的人）

想法不直说，很难做决定

━━━━━━━━━━ 特征 ━━━━━━━━━━

- 很重视维持场面的氛围，所以没办法不注意周围。
- 即使自己有想法，也不怎么发言。
- 即使别人决定了，如果自己不接纳的话也不会行动。
- 如果因为行动迟缓而承受过多的压力，可能会发火或倒打一耙，无法推进工作。

类型 ❶ 自我完美主义型

特点

为了维护自己的完美目标，会把自己的标准放在团队之上

 积极面

▶ 追求完美。

▶ 正义感强。

▶ 有改革精神。

 消极面

▶ 过度追求完美。

▶ 过于关注细节。

▶ 关注自己的标准多于团队的目标。

类型 1 的人是下属时的对话举例

你　资料又没交上来,已经过了截止日期了呀!
下属　还差一点儿就做完了,我喜欢追求完美,能再等一会儿吗?

这样的对话常发生在跟类型 1 的下属之间。追求完美是好的,但是一旦过度追求的话,在团队协作时会影响其他团队成员,结果可能会造成工作无法按期交付。

然后,即使你批评他说:"不能按截止日期完成工作,是非常失职的表现。"对方也会摆出自己的理由和标准,尽全力让这件事情显得非常合理,这也是这个类型的特征。

类型 1 的人是上司时的对话举例

你　汇报材料已经做好了,明天给客户的提案准备得非常完美!
上司　不不不,这份材料离完美还差得远呢。首先,颜色搭配不行,PPT 里的插图也没什么品味。这份材料我最多打 30 分。
你　……(如果讲的是与内容相关的意见还好说,结果说的是什么颜色搭配和插图。)

这就是一个把自己的标准(目标)置于团队标准之上的例子。作为下属，已经把给客户的提案准备得十分充分了，材料也得到了部门领导的首肯。但是，在这个案例里，直属上司对于颜色和插图这种细节过于在意，所以三番五次地让下属修改。颜色和插图是属于个人偏好属性很强的东西，没有统一的标准。

很在意这些方面的类型1的上司，可能会让人加班也要改到自己满意为止。基于自己的个人意愿重新设定目标，这种做法往往会打击团队成员的积极性。

这种类型会成为得力的伙伴，但也会是扰乱团队的主要因素

因为类型1的人过度追求完美，所以可能会无视团队的规定，他们会根据自己内心的标准来对抗——"应该这么做才对"，而其他类型的人也常常会被这样的气势压住。

但是，如果个人和团队的目标融合得很好，类型1的人会不惜一切努力去推进工作，成为你强有力的伙伴。

虽说如此，类型1的人也常常会为了自己的信念和标准，朝着跟团队目标相反的方向前进。即使本人可能没有恶意，但他们会为了维护自己心目中的正确而拼命。而且，他们的主张是非常强有力的，不会默不作声。要牢记一点，对他们来说，阻力越大，越能激发他们的斗志。

和他一起思考自己和团队的共同理想，并修正目标

那么，如何让这样的人成为你的盟友呢？

可以尝试思考共同目标，寻找团队应该做什么和个人应该做什么的共同点，就像在算术中找到几个数字的最大公约数一样。

首先要确认对方的理想目标。

然后，解释自己的目标，并找到彼此的共同点。在共同点中，最为重要的事项是双方都能接受的工作的最大公约数。

这可能会让人觉得麻烦，但是尝试一下会惊讶地发现共同点其实非常多。如果他们意识到目标存在偏差，就可以进行修正。

对类型 1 的人的对策是可以听取他们想要实现的事项，并与团队目标相匹配，一起思考实现这些目标的方法。

类型 1 的人是下属时的对策

指导其将"团队的目标"前置于"个人的目标"

想和类型 1 的下属一起很好地协同工作，需要从了解他们的理想和坚持开始。一般来说，他们的理想和坚持通常跟团队的方向是有所偏差的，有很多领导苦于不知道如何让这样的下属理解这其中的差异。

跟类型 1 的下属沟通时，向他们提出具体的问题是非常有效的方法。

沟通时提问举例

- ▼ 在这份工作中，你的目标（理想）是什么？
- ▼ 如果目标达成了，你认为重要的点（坚持）是什么呢？
- ▼ 似乎理想和现实是有差别的，你怎么看呢？（在这种情况下，如果对方有经验，我会问这个问题，以促使他们思考。如果对方经验不足，我会直接提供一些建议。）
- ▼ 如果你继续坚持现在的做法，会给团队带来什么损失呢？
- ▼ 从团队的角度来看，哪些事情是需要优先做的？
- ▼ 如果改变你的做法的话，可以让团队如何获益呢？

比如，在前面的案例中，已经过了提交日期，但下属还在不断地修改材料。作为上司的你即使告知了对方这个材料已经达到了你的要求，但是下属依然坚持自己的标准，试图不断地提高完成度。

对于类型 1 的下属，你可以通过以上这些问题，让其做到：

- 提高工作的质量；
- 思考相应的成本；
- 遵守交付期限。

团队的目标是在这三者之间取得平衡。你要让下属知道，如果一味追求个人目标，这种平衡就会瓦解，一个职场人倘若不遵守工作的交付期限，那么他的工作信用就会慢慢失去。

类型 1 的人是上司时的对策

让上司的注意力从坚持自我转向团队目标的达成

常常试图追求完美，无意识地就动了"私心"的类型 1 的上司，是属于各种类型的上司中应对起来难度比较大的类型。

但是，我们也可以通过"沟通时的提问"让上司重新意识到现在团队应该保持的目标，找到上司和下属双方都可以接受的部分。

沟通时的提问举例

- ▼ 领导，对您来说，这个工作的目标（理想水平）是什么呀？（比如，让客户觉得我们公司的提案很棒，从而选择我们公司）
- ▼ 这个目标，跟公司的方向有什么关联性呢？（使其关注到差异。）
- ▼ 在开展这个工作时，领导，您最看重的（坚持的）是什么呢？
- ▼ 从团队的角度重新去考虑优先顺序的话，哪个的优先级更高呢？（是优先公司的方向，还是执着于自己的坚持？）
- ▼ 您会如何平衡质量、成本、交付期限呢？（这是为了校正对成果水平高低的期待的问题。）

例如，以前面提案的资料来举例，如果上司是类型 1 的人，要让上司意识到，他不断要求提高品质只是为了满足他自己的标准。在这样不断对话的过程中，耐心地去挖掘团队的目标和上司的追求重合的部分。

另外，如果你的位置是可以向上司提建议的话，要好好利用这样的机会，使其意识到自己对于细节的要求可能会给团队的积极性带来负面的影响，使团队的主体性丧失，使上司的信任度下降，可能会产生各种不良影响。

实际上，把上司的指示顶回去，还不影响上司的情绪是很难的。但是，在这个过程中，可以重新回想起最初制订的计划、发现各个团队成员可优化之处、团队当下的目标等，上司和下属两边都能够接受的部分会逐渐明晰。

在这个沟通的过程中，就会出现和类型 1 的上司的关系改善的机会。

类型 1 的人的共同特征	
行为	会训斥不当的行为。喜欢黑白分明。不管对方是谁，都会坚决维护自己的主张。注重细节，会尽力提高工作的完成度。会责备掉链子的人
语言	"应该××！""不行，这样不行！""本来不是××的吗？""我们要力求完美！"
兴趣及价值观	坚持自己的标准。对贯彻自己的意志有超强的信念，自己认为正确的事情，一个人也要坚持到底。对完美的事情着迷

续前表

	类型 1 的人在各种工作场景中的特征
日常会话	提出正当的意见。表达对社会或组织的不满
类型 1 的 下属的 报–联–商	报告：汇报的时候可能除了事实以外，还会掺杂个人的想法。因为他有很多自己的判断，所以如果不要求他详细汇报的话，可能他会擅作主张，背离工作原本的目标 联络：因为他自己的判断很多，所以沟通时可能会从自己的视角出发。最好是确认一下事实 商量：他会不经商量擅自推进工作，所以最好是主动与他确认情况。切入口以"如何才能做得更好，一起想想办法"为佳
类型 1 的 上司的 报–联–商	报告：汇报内容可以以类型 1 关心的事情为主。一定要汇报从团队角度来说重要的优先事项 联络：直截了当地讲事实 商量：从上司那里得到的建议可能是为了达成上司本人的目标的，所以需要和团队的目标对照、融合一下
会议	会主张自己认为正确的东西。对反对意见会抗争到底，并且会大力宣扬自己的主张
谈判	坚持到底。会从自己认为正确的角度去表达
提案	会能量饱满地表达自己认为不满、不公平等负面情绪。"应该这样干！"因为他饱含热情，所以会让别人很容易被带入，导致团队的目标产生偏差。除此以外，也具有推进改革和变革的能量

| 类型 ❷ | 多管闲事・干涉型 |

特点

虽然有同情心，但忽略了人本身是问题的一部分

 积极面

▶为他人做贡献。

▶有同情心。

▶对人和事很宽容。

 消极面

▶过度追求完美。

▶认为自己是在做正确的事情，过度地自我牺牲。

▶因为自我牺牲，反而无法明确事情的优先顺序。

类型 2 的人是下属时的对话举例

你 前两天开组内会的时候已经分好工了,你有按计划推进吗?

下属 那个……××的客户拜访搞不定,我就帮他做了几件,所以我自己的事就耽搁了。

你 ……(麻烦了,这样整体的计划都会受影响。)

这样的对话很容易发生在与类型 2 的下属的交流中。类型 2 的下属看见有麻烦的人不会置之不理,就算是停下自己的工作,也要帮其他人做点什么。

他们没有恶意,反而是出于好心,但结果是影响了自己的目标完成。如果自己的计划在掌控之中还好,否则自己的本职工作被拖延了,从而影响整体的计划,就本末倒置了。

对于工作上被帮助的当事者来说,这样的人是求之不得的。但是,这样也让被帮助的人失去了一次成长的机会。从管理的角度来说,为了团队整体技能的提升,分工一旦决定了就需要忠实地执行,这一点需要好好地引导和盯住类型 2 的员工。

类型 2 的人是上司时的对话举例

你 我约到了 A 公司的部门经理,正在准备材料,下周去沟通。

上司 那个,我忘说了,前两天我因为别的事见了 A 公司的部门经理,你说的那件事我也跟他说了。

这种类型的对话，常会发生在跟类型2的上司的交流中。确实，抢先一步帮自己把工作做了是值得感谢的，可是自己本来计划好好地去沟通的，这一下动力全无了。

但这是上司出于好心帮自己做的，所以也很难向他提出改变的要求或建议。

亲民体贴，但不懂得如何保持适当的距离

类型2的人的特征是看不得有人陷入困难，非常体贴他人，所以会造成对方的依赖感。

在职场中常见的现象是无视分工，直接踏入别人工作的领域。结果，剥夺了周围的人的成长机会，承担了大量的工作，导致工作上出现种种的问题。

另外，过度地跨入对方的工作领域，有时也会遭到对方的拒绝，导致人际关系的问题。

这种类型的人，如果自己的善意不被接受的话，他可能会恼羞成怒，这种时候就会变成很棘手的人。而且，他对别人和团队的占有欲很强，对别人所有相关的事情都想知道，这也是类型2的人的特点。

职场性格图鉴

首先表达具体的感谢，然后重新审视角色分工

那么，怎样才能在不伤害他们的自尊的前提下，让工作更好地推进呢？那就是对他们的态度、行动、结果、决策和存在，通过言语去表达感谢。接下来，我来举一些如何表达感谢的例子。

表达感谢的具体例子

- ▼ 态度：谢谢你在我觉得苦恼的时候来到我身边。谢谢你帮助我。
- ▼ 行动：谢谢你这么忙还这么快速地响应我。谢谢你帮我搞定了关键人物。
- ▼ 结果：谢谢你帮我做到了 ××%。谢谢你帮我完成了步骤一到三。
- ▼ 决策：谢谢你帮我做出了现在的判断。谢谢你帮我确定按照这样的方法去推进。
- ▼ 存在：有你在身边真的太好了，谢谢你，对我来说真的帮了大忙。

这些表达的重点是，要向对方传递：

- 具体对什么表达感谢；
- 为此自己和团队或者相关的人，有多么感激。

然后，在对方接收到感谢之后再马上重新明确分工。

类型 2 的人是下属时的对策

掌握其工作的优先顺序和工作量，适当地进行管理

类型 2 的下属，原本对他人和团队的贡献度是高的，自己具备的能力会毫不吝啬地贡献出来，是那种会为了对方不惜牺牲自己、拼尽全力的人。

如果你是上司的话，管理类型 2 的下属的两个要点是：

- 确定工作的重要优先顺序；
- 把握其必须完成的整体工作量。

如果你不明确地告诉他工作的优先级，这个下属可能会把自己的分内工作放在后面，去帮助其他人的工作，导致自己的分内工作无法在期限内完成。

另外，因为他容易揽活儿，所以手头的工作越来越多，导致需要加班到很晚，或者回家之后仍要工作。即使公司有限制加班的规定，他自己也会义务加班。

这种情况下，首先仍要记得向他表达感谢，然后再告诉他，与其花时间帮别人做事情，还不如提高自己分内工作的效率，在空余的时间里再为团队做贡献，这样能够得到周围的人更大程度的认可。

> 与类型 2 下属对话的具体例子

- ▼ ××，原本这个工作应该是由 A 负责的，你在职责范围之外帮他分担了，谢谢你。
- ▼ 接下来就是让 A 自己去成长的机会了，你在一旁给予关注和支持就好了。
- ▼ 你也有工作需要处理，之后请优先完成自己的工作吧。对于团队来说，这就是你最大的贡献了。

类型 2 的人是上司时的对策

通过具体的感谢，提高对方的满意度

类型 2 的上司会因为出于好意而把下属的工作抢先做了，下属会觉得"我本来打算干的，又被你抢先了"这种模式经常发生。

从某种角度来说，这是很难得的事情，但这样的事情一直持续下去，会让下属的动力下降，或者让下属很依赖上司。不管是哪一种，都会对团队造成不良的影响，所以这种行为必须要控制。

那么，如何才能改变类型 2 的上司的行为呢？一切基本上都要从感谢开始。

然后，告诉对方："因为有您，这些事才办成了（具体办成了什么）。""我很感谢您，接下来我可以自己去干了，希望有什么建议您可以跟我说。"

在向对方表达感谢之前的帮助和自己接下来的打算之后，工作的具体进展也可以详细地同步给对方。下面，我举一些关于感谢的具体例子。

表达感谢的具体例子

- ▼ 态度：谢谢您一直以来给我提供了这么多成长的机会。谢谢您一直关照着这么不成器的我。
- ▼ 行动：谢谢您给我提供这么有价值的建议。谢谢您帮我和 A 牵线搭桥。
- ▼ 结果：之前因为有您的帮助，我和 A 公司的合同才签了下来。本季度也顺利达成了销售目标。谢谢您的帮助。
- ▼ 决策：关于 B 公司的项目，谢谢您的许可审批。您在会议上最终做出的决策，真的帮了我大忙。
- ▼ 陪伴：谢谢您跟我一起参加这次的沟通。您作为我的上司，真的太棒了！

要把这些全部都跟对方讲出来，可能比较难，但如果有一句两句用得上的话，请一定要试一试。使用这些感谢的语言，会让上司对自己的行为感到满意，可能就会减少过度的干涉。

在这里，千万要记住不可以说出"不要干涉我的工作"等拒绝对方的好意的话。否则对方可能会恼羞成怒，突然变得有攻击性。不管怎么说，对于类型 2 的人，在交往时要保持一定的距离。

类型 2 的人的共同特征	
行为	对他人有兴趣，所以经常观察他人。对有困难的人没办法置之不理。很多时候，觉得有的人看起来很可怜是他们行动的根源。比起自己，会更优先他人
语言	口头禅是"我已经把××给做好了""你觉得好的话就行""我来做吧"等。很擅长用语言表达感受。有共情力
兴趣及价值观	最开心的事情是得到别人的感谢。想帮助别人，为别人做贡献。容易被故事感动，泪窝浅

类型 2 的人在各种工作场景中的特征	
日常会话	常常会提出要帮助谁，喜欢被感谢
类型 2 的下属的报－联－商	报告：可能会夹带个人的感情。个人感情常常是他行动的关键要素，所以最好去问问他行动的原因 联络：有过于关注细节的倾向，会有过多不必要的联络 商量：他们更喜欢被咨询，所以沟通的时机可能被延误。可以主动发起沟通，类似"你可以教教我吗？"这样比较容易跟他们打开沟通的话题
类型 2 的上司的报－联－商	报告：因为类型 2 的人不仅关注事实本身，还喜欢了解背景。所以如果你可以把经过和涉及决策的情感、感受告诉他们的话，他们会很开心 联络：建议把你的顾虑和注意事项等信息一并告知他们，而不是只提供过于简略的信息 商量：他们喜欢被咨询，也会毫无保留地给出很多回应。记得不要忘记表达感谢就好了
会议	他们发言比较长，也愿意倾听对方讲话。因为他们想要掌握很多的信息，所以可能会要求自己和参会者多表达

续前表

	类型 2 的人在各种工作场景中的特征
谈判	因为他们想了解对方所困扰的事情,所以最好把情况提前同步给他们。他们会尽可能提供帮助的
提案	他们会说很多让对方很高兴的话。但个人能力和团队角度之间还是有区别的,如果对方是公司外部或者其他部门的人的话,需要事先确认好他们具体可以提供协助的范围,达成共识

职场性格图鉴

类型 ③ 自大·抢功劳型

特点

实战能力强，但爱自我表现，独来独往

 积极面

▶ 工作效率高。

▶ 判断很迅速，可以给出很清晰的结果。

▶ 注重自己的外表。

 消极面

▶ 自我表现的行为很多。

▶ 重视成果，但是会忽视过程。

▶ 会抢夺别人的功劳。

类型 3 的人是下属时的对话举例

你　前几天你去拜访客户的结果还没汇报，现在是什么情况？

下属　因为计划着月底签约，所以我先把合同过完，交到了法务部那边。

你　咱们的规定不是说合同要先在部门内部会里得到批准之后，再给法务部做最终审核的吗？

下属　因为客户那边比较着急……

　　这种事情常常会发生在类型 3 的下属身上。类型 3 的人行动迅速，想要在短期内取得很多成果。他们的思考方式也很高效，经常会思考如何才能让工作更有效率地进行。

　　尽管这本身是件好事，但是面对团队的规定和上司的指示时，如果他们自己觉得是多余的话，可能会擅自跳过这些步骤。

　　另外，对于容易被看见的成果，他们有强烈的愿望，想要获得比其他人都多。他们希望别人能看到他们强大的工作能力，工作效率很高。所以，常常在听了别人的半截的话后，他们的脑海里就会浮现出工作的计划，想要立即行动起来。

类型 3 的人是上司时的对话举例

上司　前几天让你做的演示资料做好了吗？

你	还没有。因为您说下周一交，目前只完成了差不多五成。
上司	那做到六成就好了，下午能早点给我吗？本来说董事会上的汇报让你来做，但还是我自己来吧。
你	啊，好的……（本来你以为自己可以汇报，干劲满满呢。）

类型 3 的上司经常这样，会把本来决定好的工作交付时间突然提前，或者随意调整分工。

所以从下属的角度来看，好不容易做了一半的工作被上司横刀夺去，交付时间突然提前，上司一时一个想法，自己忙得团团转，而劳动成果还可能被拿走。下属的动力自然会下降。

分析

工作效率高，出成果快，但与团队的协作存在问题

因为类型 3 的人可以高效地处理工作，所以很擅长优化公司里无功、无常、无理（白忙活、飘忽不定、没办法）的问题，但是会忽略团队合作，不重视与其他人的合作关系，所以看起来像是在自我表现。

他们自身常常没有恶意，但是与重视组内和谐的人，或者和重视分工、过程的人一起工作的话，往往容易引发人际关系的问题。

另外，由于被视为优秀的欲望过于强烈，所以如果这种类型的人是下属的话，对于进展不顺利的工作或者进度滞后于计划的工作，很可能不会及时跟上司汇报。更糟糕的情况是，可能会欺骗上司说，"进展得很顺利""一切在按计划如期进行"等，以编造让上司放心的谎言。

而且，他们还有可能为了追求眼前的效率而导致原本的目标无法实现等业务问题的产生。

这种情况比较难处理的原因是，他们本人会觉得"自己是为了提高工作的效率，而且也得到了成果，所以没有什么问题"。可以说，要让类型 3 的人改变又不打击他们的积极性是非常难的。

类型 3 的人的行为原动力是获得他人认可。因为他们喜欢得到关注和夸赞，所以无意识地就会选择能够被人肯定的工作，聚焦于短期的目标，高效地去开展工作。

另外，他们很在意别人的评价的另一面是，会容易轻视自己不认可的人，所以他们会觉得破坏团队协作的是比自己水平低的人，是他们的问题，这种一味独断的想法会导致对团队的归属感减弱。

对策

首先与对方建立信任关系，拉近彼此的心的距离

对于那些容易采取个人行动的人，要如何让他们发挥自己的能力来提高团队的工作成果呢？

无论你的职位如何，建立相互信任的关系是与类型 3 的人相处融洽所必需的基础。你需要展示一些被他们所敬重的优势。他们本来就不吝啬努力提升自己的能力，如果你能展示出比他们更出色的一面，他们会认可你。此外，类型 3 的下属会想要学习你的能力，类型 3 的上司也会想要利用你的能力，因此他们会信任你。

类型 3 的人是下属时的对策

使其体会到团队合作可以带来更大的工作成果

与类型 3 的下属打交道时要有意识地知道，他们一直是单枪匹马取得成就的，所以要让他们体验到与团队一起取得成就的快乐。当然，要先给他们打"预防针"，他们一开始可能不太容易适应，可能会抱怨，觉得一个人的工作速度更快，等等，但需要向他们明确传达这是为了在工作中取得更大的成果而进行的挑战。

此外，让类型 3 的下属与你一起发现并分享中长期目标也非常重要。因为类型 3 的人往往只关注短期成果。因此，培养他们思考工作长期成果的能力对于他们的进步非常重要。

通过共同找到中长期目标，并将目标分解为具体的步骤及想象其达成情景，可以更容易地实现短期目标。

另外，就像前文中所介绍的对话案例一样，如果他推进工作时单凭自己的判断行事，也不做详细汇报的话，就要跟他说明公司很重视他现在负责的项目，以及这项工作的重要性。如果能让类型 3 的下属理解"报 – 联 – 商"的重要性的话，他们就会开始积极地向你汇报。

总之，类型 3 的下属更倾向于个人行动，所以要让他们养成及时地进行"报 – 联 – 商"的习惯。因此，一对一会谈（不定期进行的下属与上司的一对一会谈）和定期面谈是非常有效的。

与类型 3 下属的对话举例

- ▼ 团队一致努力让工作完成后，大家会怎么样呢？客户会怎么样呢？与同事的关系会发生什么变化？你想过吗？
- ▼ 目标达成之后，会有什么积极的影响呢？你能想到那个画面吗？
- ▼ 为此，对你的评价会有什么样的提升呢？
- ▼ 在团队里你的位置可能会产生什么变化吗？
- ▼ 作为其中的一个团队成员去参与这项工作（或者作为领导者的角色去把团队凝聚起来），对你而言意味着什么呢？

如果他们能考虑这些问题，会很擅长建立小的目标并去实现。其他要做的就是你给他们提供一些支持，比如如何用好团队成员，一般他们能很快地找到窍门，把周围的人很好地调动起来。

类型 3 的人是上司时的对策

虽然很难做到，但要把受瞩目的位置让给他们

如果类型 3 的人是上司的话，只要他在上司的位置，你倒不如想开一点——工作的成绩被他夺去也是没办法的。

从某种角度来说，下属的成绩就是上司的成绩，这在团队里是理所当然的事情，所以你不如直接积极地把成绩归功于上司。为什么呢？因为只要上司出成绩了，你们部门便会得到好评，客户和其他部门也会更信任你们。

而且，上司对你会产生好的印象，会让你之后的工作变得更好开展，你也会成为上司最器重的下属。上司也会为了满足自己被认可的需求，很乐意为你出面去解决一些问题。

另外，如果遇到的是随意把工作时间计划提前的上司，可以尝试用"这样做很有可能在工作质量上出纰漏"的理由说服对方。

还有，当工作完成到六成左右的时候，可以主动把目前的进展情况和方向跟上司汇报。因为类型 3 的人是急性子，他们总想提前完成工作，做不到安静地等待。

与类型 3 上司的对话举例

- ▼ 部长，这个工作我完成了。请您在董事会上汇报吧。
- ▼ 我搜集好信息，把提案材料做好了。请您在当天给 30 名客户做现场提案吧。
- ▼ 会议的准备都做好了。开头讲话的部分可以拜托部长您吗？

你要把背后的工作做好，尽可能让上司站在聚光灯下。可能你会觉得"好辛苦啊",但是你吃过这些苦,实力也会相应提升,变成被上司器重的左膀右臂。

即使对方是上司,在日常的交流中也不要忘记认可、表扬他。类型 3 的人自己一个人的时候,其实是没有自信的,他们常常需要和自己的不安做斗争。

类型 3 的人的共同特征	
行为	喜欢坐在中心的位置,喜欢坐在掌权者的旁边。即使在不认识的人群当中发言也毫不怯场。只要他领会和掌握了要点,就会马上开始行动
语言	会讲理想。希望常被看见,经常自夸。不会使用负面的语言,喜欢积极的表现。喜欢"成果""实现""成功"等词语
兴趣及价值观	对别人是怎么看自己的很有兴趣。喜欢抬高自己。希望高人一等。会常确认自己的存在意义

类型 3 的人在各种工作场景中的特征	
日常会话	倾向于夸大其词来炫耀自己,口才较好且说话速度较快
类型 3 的下属的报–联–商	报告:汇报时,关于自己做了哪些事、取得哪些成绩的比较多。可能会隐藏问题,或者把问题推卸到别人身上 联络:为了追求速度而忽略质量,容易出错,导致缺乏质量保证 商量:有时会独自承受困难。如果知道商量会遭到反对,则倾向于默默前行而不寻求建议

续前表

	类型 3 的人在各种工作场景中的特征
类型 3 的 上司的 报 – 联 – 商	报告：喜欢迅速、及时的报告。喜欢听积极的话。当你面对困难的时候，捧出"如果没有您的话很难办"之类的话，会很容易被他接受 联络：最好直接告诉他结论。他希望比任何人都更早收到联络 商量：如果解决不了的话，不要用问的方式，用"您让我觉得很可靠"的姿态去商量，更容易亲近
会议	说话自信十足且话较多。有时会将别人说过的话作为自己的意见重复表述
谈判	推动能力很强，但不想被对方讨厌，因此会找到巧妙的说服方式
提案	喜欢做演示。使用大量肢体语言，仪表堂堂。有时会因把话说得太大而后悔

类型 ④ 过于有个性·嫉妒型

特点

倾向于追求独特性，比起团队的正确性更注重个人特色

😊 积极面

- ▶ 富有创造性，细腻且具有艺术家气质。
- ▶ 拥有表现力。
- ▶ 拥有独一无二的创意。

😐 消极面

- ▶ 不适应集体行动。
- ▶ 情绪多变，情绪波动较大。
- ▶ 经常找借口，显得有些不成熟。

类型 4 的人是下属时的对话举例

你　昨天你交上来的报告模板好像搞错了哦。

下属　是的。因为我觉得如果格式一成不变的话，客户也不爱看，所以我花了点儿时间调整了一下……

你　这些地方就没必要搞个性化吧？如果不用例会里用的模板，报告项目不相同的话，可能会导致遗漏或失误。

　　类型 4 和其他类型的人不同，他们常常希望别人承认自己是特别的，所以在工作上也会试图施展个性。他们很不擅长例行性的工作，无论如何都想发挥自己的创造性。

　　如果他们负责的是独一无二的可以发挥创意的工作，那么他们会热情高涨地投入到工作中，不惜付出任何的努力和辛苦。

　　如果碰到的是不管谁都可以做的工作、不管谁做结果都一样的工作，那么他们会一下子失去干劲。结果可能是逃避现实，把不想做的理由正当化，甚至变得有攻击性。

　　当然这里说的是比较极端的情况，但是类型 4 的下属多多少少有这样的倾向，作为上司要心里有数。

类型 4 的人是上司时的对话举例（部门会议上）

你　首先，第一个议题是关于昨天通过邮件发送的有关业务流程变

	更的确认。您回复说没有什么问题，跟您再确认一下。
上司	这个业务流程的前提条件到底是不是正确？是谁提出的？
你	业务流程变更是销售部提出来的要求。关于流程的前提条件，应该和之前没有变化。
上司	是不是销售部的××提的要求？我真是无语。为什么现在才说呢？他还跟你说了什么吗？
你	但是业务流程的变更如果今天不审核确认的话，就来不及跟现场那边对接了……

类型 4 的人的特征是，对于被问到的问题和内容，"不会直接回答"。下属想问的是"关于业务流程的变更有没有问题""如果有问题的话是什么问题"，上司却没有回答。

反而是质问"业务流程的前提""是谁提的要求"等，偏离了问题的本质，让下属很头疼。

下属为了按时完成工作所以来汇报确认，但在这个阶段上司完全颠覆了前提，把关注点放到了部门之间的分歧，就会影响工作的进展。不管怎么说，类型 4 的人就是有这种情绪多变的一面。

注重个性,如果不被认可,则倾向于逃避现实

类型4的人,希望被别人认为自己是独一无二的存在、和其他人都不一样的人。因此,他们不介意被认为是"奇怪的人",反而感到自豪。

但是,在团队里面,能够给他们发挥个性的空间是很有限的,反倒是工作中会有很多规矩、很多条条框框需要去遵守。因此,他们会在优先级方面产生矛盾,导致无法感受到工作的意义。

类型4的人不善于将这种冲突和不适感坦率地传达给第三方,他们可能会采取反抗的态度,或者只是将自己的想法放在心中不说出来,无意识地去表达自己的对抗。这些从某种意义上来说,也是他们个性表现的一面。

对策

在规则内发挥他们自由的想法

足球或者棒球之类的运动,一定有其既定的规则。选手们都是在遵守规则的同时,提高自身的技能,发挥个性的运动表现。而一旦触碰规则,就势必给个人或队伍带来不良影响。在商业世界里也是一样的逻辑。

首先，要让类型 4 的人意识到，破坏规则的话是有惩罚的，他们可以在规则之内最大限度地发挥他们原本所具备的能力。这一点对上司也是一样的。

但是，偶尔也会遇到可以改变已经不太适用的规则的情况。这时，类型 4 的人灵活的、不受条条框框束缚的想法就可以派上用场了。

类型 4 的人是下属时的对策

在他们擅长的领域发挥个性

如果你可以决定下属的分工的话，那么最好是把他们不擅长的工作拿掉，分给他们擅长的工作，这样对公司和对个人都比较好。

如果类型 4 的人是年轻的下属的话，那么可以让他们挑战一下没有做过的工作，积累经验。需要注意的是，如果分给他们明显不合适的工作的话，他们也不会有成长。

话说回来，如果在不是那么容易可以改变分工的情况下，就先明确工作的目标，然后让他们思考如何才能达成目标。

接下来就是定期跟他们确认工作进展是否与目标有所偏离，他们有时也会用一些意想不到的方法去实现既定的目标。

作为上司，你肯定会担心他们能不能完成工作，但是把任务交给有个性的类型 4 的下属，相信并且支持他们就好了。这么做的话，下属是能获得成长的，但是如果把做事的方法强加给他们，或者提出一些很细的要求，那是最行不通的。

> **与类型 4 下属的对话举例**

- ▼ 在你目前的工作里，哪些是让你觉得最有价值的工作？
- ▼ 你觉得可以完成目标吗？
- ▼ 要想完成目标的话，能不能想出几个没有试过的方法？
- ▼ 这个方法可以落实到具体的计划里吗？

记住，让类型 4 的人完成目标的同时，要维护好他们的动力。具体做法尽量交给他们自己决定，只要提醒他们在保持原创性的同时，注意不要破坏团队的规定。

顺便说一句，在前文中提到的报告模板，如果比起既定的格式，他提出的是更好的做法的话，不妨建议他先获得批准再使用。

同时，要告诉他擅自改变模板是违反规定的行为，是会受到处罚的。如果不容分说地责备类型 4 的人，他们可能会反抗或者逃避现实，所以要慎重地处理和对待。

类型 4 的人是上司时的对策

让上司发散想法，并深入参与提案

这种类型的上司已经付出了相当的努力和自我控制，以使整个团队的表现得到提高。

虽然你可能认为这种上司很难相处，他们可能会变得不负责任，或者过于看重自己的个性，但首先应该尊重上司的位置。在这个基础上，为了进一步改善与上司的关系，可以进行个别磋商，从中引出上司的想法，并将其纳入方案中。

类型 4 的人可能会在会议上搅乱事情，即使之前已经通过邮件达成了共识。为了防止这种情况的发生，可以事先听取上司的想法，并将其纳入方案。

虽然这种方法看起来有点麻烦，但类型 4 的人自尊心很强，他们想要展示自己的个性。因此，如果事先已经涵盖了他们的独创性想法，那么在会议中就可以更好地平衡各方利益。

> 与类型 4 上司的对话举例

- ▼ 部长，关于这个项目，可不可以根据您的经验给我一些建议？
- ▼ 虽然想要达成的结果是确定的，但是实现方法有很多种。如果是您的话，您会想到什么方法呢？
- ▼ 我很崇拜您，可以做到在规则内充分发挥自己的个性和创意，并把事情做好。比如，在这个限制性条件下，有没有什么别人想不到的方法可以用呢？

如果尽可能地在讨论中加入"个性""原创""独创性"等关键词，

你会从他们那里得到一些出乎意料的想法。在释放上司的思维后,整理出实际可行的创意,上司会感到满意,这样可以避免会议后的重复讨论。

类型 4 的人的共同特征	
行为	不擅长集体行动;喜欢一个人埋头思考;喜恶分明;只和认同自己的人交往
语言	喜欢聊过去和未来的事,不喜欢聊现实的事。喜欢"有个性的""独创性的"词语
兴趣及价值观	喜欢自己和别人不同,觉得自己是与众不同的存在。不希望自己和别人一样。希望别人认可自己是有独创性的

类型 4 的人在各种工作场景中的特征	
日常会话	他们喜欢谈论过去的负面事件或者虚无缥缈的遥远未来,而且热情地讲述各种想法
类型 4 的下属的报–联–商	报告:对于上司想要知道的问题,有时会出现含糊其词的报告,所以弄清事实是非常重要的 联络:联络时可能会有信息遗漏,他也有可能会擅自加入自己的个人判断,所以要注意确认信息的正确性 商量:因为疑心比较重,所以跟他们敞开心扉地沟通需要花时间。容易产生消极的想法
类型 4 的上司的报–联–商	报告:为了避免他们误解,要把事实和意见分开 联络:他们可能会误解或者钻牛角尖,所以最好重复一下要点,或者演示一下笔记 商量:他们在专业领域的咨询相当可靠。他们有时会共享独有的信息和思考方式等专业知识,这让他们成为一位可靠的支持者

续前表

	类型 4 的人在各种工作场景中的特征
会议	他们的谈话容易偏题，会对已经结束的过去事件发表意见。虽然他们会提出一些想法，但其中一些可能不切实际，因此最好指定一个负责引导讨论的人
谈判	他们不会从一开始就说出自己想要的东西。他们会不断提出要求，试图测试对方的反应，并且通常很难放弃
提案	他们有很好的表现力，擅长讲述故事。他们通常会有很长的铺垫，很难得出结论。他们通常会在后面传达要求，例如他们想要什么，等等

职场性格图鉴

> 类型 ⑤　分析·评论型

特点

会输入且分析大量的信息，但输出较少

☺ 积极面

- ▶ 拥有很多信息。
- ▶ 信息收集能力很强。
- ▶ 能够把收集的信息整理好，分析能力也跟强。

☹ 消极面

- ▶ 不会积极地输出信息。
- ▶ 会注重数据和数字，是评论家型。
- ▶ 应对能力比较低，行动前需要事先准备。

类型 5 的人是下属时的对话举例（会议上）

你　前几天让你做的新系统的操作指南做好了吗？

下属　嗯。我参考说明书把指南做出来了（交上来 300 页的资料）。

你　这个信息量这么多，对于每天要用系统进行工作的 150 名操作员来说，这里面是否有让他们容易理解的内容呢？

下属　是的，这里的信息很全面，应该没有问题……

这种对话常常出现在与类型 5 的下属的交流中。他们很擅长收集大量的信息并进行分析，但问题是他们的目的意识很差。不怎么思考"这是为谁做""为什么而做"，会导致信息量过大，没有站在使用者的角度考虑，或者理论上可以理解但实际上无法实现等情况。

对类型 5 的人来说，收集信息比什么都重要。他们擅长分析信息，然后得出自己的结论。

但是，这有时候会变成他们自我陶醉的事情。为什么呢？因为类型 5 不喜欢和他人接触，他们需要的是一个人安静思考的空间，因此经常会发表与现场无关的评论，不能被他人接受。即使传达了实质性的内容，结果也不被他人接受，这是令人遗憾的。

类型 5 的人是上司时的对话举例

你　部长，听说您以前负责 A 公司的项目，想听您分享那时的经验，可以跟您约个时间吗？

上司 那个时候的资料都留存下来了，你要看吗？

你 好的。请让我看看。（……资料太多了根本抓不到要点。为什么不能整理成大家都能看懂的手册呢？）

类型 5 的上司有积累信息和数据的习惯。尽管他们按照自己的方式对其进行分类和分析，但有时候这些信息并不以第三方能够重复使用的形式存在，这对组织来说非常不利。

如果能够利用这种擅长整理和分析的能力帮助他人，那么将会提高信息的价值。但由于他们很难自己意识到这一点，因此下属们会抱怨："他明明可以回答我的问题，为什么不先告诉我呢？"

擅长收集信息，但往往容易陷入自我封闭的状态

类型 5 的人会产生的问题，有以下两点：

- 对人不感兴趣；
- 不够善于分享信息。

对人没有兴趣可能会导致以下问题：难以关注和满足个别需求，

如难以理解上司的指示意图或培养部下的能力等。

其实，从某种角度来说，他们对自己也没有兴趣。他们对于有兴趣的事情或人会投入自己全部注意力去研究，但是对于不感兴趣的人和事就会极端淡漠。

信息交换不充分所导致的问题，就是因为类型 5 的人无法做到适当的输出，导致把信息封藏起来。如果别人问起他感兴趣的领域，他会很恳切、耐心地教；但是对于过度侵入自己领域的人，他们又会全力驱逐，在工作中避免接触。

如果是研究岗位的人或者匠人，可能这种风格行得通。但现在很多企业是以项目制分配工作，人们常常需要很频繁的沟通。这对类型 5 的人来说是非常难的课题，但这也是他们成长的重点。

其实类型 5 的人内在是有很多沉睡的宝藏的，去帮助他们挖掘和创造可以发挥的领域吧。

对策

通过寻求他们所积累的知识，来促进他们的知识输出

类型 5 的人从根本上就不喜欢与人接触，他们更需要的是一个人安静地看书，或者做一些研究。

也就是说，他们不喜欢工作上被人控制，或者跟他人协作。

对于这样的类型 5 的人来说，他们需要的是积极地为他们提供可以输出知识的环境，并让他们参与进来。

类型 5 的人是下属时的对策

通过举办信息共享的研讨会，促进分享丰富的知识

想让重视输入的类型 5 的下属成长，最有效的方法是让他们成为研讨会的讲师。

我曾经在硅谷的一家公司工作，那里有很多类型 5 的技术人员。他们都有工匠精神，如果你问他们问题，他们会完美地回答，但解释时会使用技术术语，这对一般人来说很难理解。

所以，可以请他们多开一些学习交流会。要先从轮流朗读技术类书籍并确认彼此的理解开始。不过本来类型 5 的人就不擅长在人前讲话，更别说是在很多人面前讲话了，所以要采取有计划性地慢慢提高难度的方法。

例如，由于他们非常热衷于研究，所以每次我们都会设置一个研究主题。他们会分析听众，研究如何传达信息以深入理解听众，类型 5 的下属会研究并逐渐能够自然而然地进行听众导向的研讨会。

结果，他们通过输出自己的知识，感受到自己的价值，并成为可以为大家做出贡献的人。只是简单地告诉他们开展研讨会是不够的，因为他们会由于自己的不安而变得不愿前进。因此，逐步提高他们的经验，让他们感受到自己可以为团队做出贡献非常重要。

有关举办信息共享研讨会的具体对话示例

▼ 如果举行研讨会，那么××可能会适合哪些主题呢？
▼ 有哪些书籍适合进行轮读？
▼ 听众想了解哪些信息？
▼ 了解听众的信息收集方法有哪些？
▼ 何时可以开始开展研讨会？
▼ 第一步要从哪里着手呢？

想让类型 5 的人提起劲，是要花一些时间的。如果他们没有把自己认为需要准备的东西整理好，是不会踏出第一步的。所以如果你追着他们做的话，他们可能会通过讲道理来反驳你。

首先，跟类型 5 讲一讲通过开研讨会可以获得什么好处吧。也就是：

- 你手里的信息对别人可以有帮助；
- 通过共享信息，团队可以感受到你的价值。

这两点要让他们理解。

类型 5 的人是上司时的对策

让他们的知识、见解、智慧可以作用于其他人

类型 5 的上司，手里一定攒了不少信息。

当这些信息只是攒在上司手里的话，对其他人是没有用的。所以，需要有人可以向他们问出来，变成公共信息，让其他人也可以使用。

这样做的话，上司所积攒的信息可以变成对团队有用的信息，上司的个人价值也会逐渐提高。

把信息变成手册的对话举例

▼ 我想把您手里的信息，变成其他人也可以使用的形式，您愿意帮助我吗？

▼ 首先，从整体来看，您有哪些方面的信息呢？

▼ 从哪个领域开始比较顺利呢？

▼ 做法就是我向您提问题，从您这里获取信息之后，把它们变成公用手册的形式，您觉得怎么样？

在这里我还需要再强调一遍，类型 5 的人很擅长输入，但真的不擅于输出。所以，你让他们输出，他们会觉得有点不习惯。为了消除这种不适，你可以问他们需要什么样的支持。

还有，你把问出来的东西变成可视化的手册的形式后，让本人确认一下。他们擅长二次输入，还可以把内容再打磨一下。

类型 5 的人的普遍特征	
行为	喜欢独处的时间。会把时间用于自己一个人去做调查、研究和增进自己内在知识上
语言	很重视数值、数据和依据,也一定附上依据来支持他们的论点
兴趣及价值观	只对自己感兴趣的范围展现出兴趣,除此以外没有任何兴趣。甚至想把其他东西排除在外,总之他们对人没有兴趣

类型 5 的人在各种工作场景中的特征	
日常会话	他们不想产生无意义的对话。只有被问到时会回答,所以对话持续不下去
类型 5 的下属的报–联–商	报告:汇报时会基于事实去讲。虽然他们一直在观察和分析,但是不被要求汇报的时候不会主动做 联络:只会做最基本且必要的联络。因为他们没有站在对方的视角,所以讲得比较少时对方很难理解 商量:只会跟非常信任的人去商量。他们很少依靠别人,更多的是从书籍和网上获取信息并做出判断。即使获得别人的建议也会自己去求证
类型 5 的上司的报–联–商	报告:最好直截了当地汇报。他们喜欢邮件或书面汇报,要把出处、依据和数据一并告之 联络:做到最基础的程度就可以了。他们自己会去调查需要的信息 商量:他们不喜欢被别人找去商量,但是对于自己擅长的领域,会毫不吝啬地提供信息
会议	如果不被问到,就不会发表意见。他们的事先调查一般会做得很详细,所以找机会问他们就可以了。另外,最好是事先能够把你的目的和期待等信息先告知他们
谈判	不擅长谈判,爱讲道理。因为他们会优先自己,所以很难和对方建立双赢的关系

续前表

	类型 5 的人在各种工作场景中的特征
提案	如果是类似演讲那种单方面输出自己擅长领域的东西的话,他们是可以把方案讲清楚的。但是不擅长从听众的角度去组织内容

类型 ❻ 谨小慎微型

特点

如果在组织中受到保护，就能够安心地活跃

😊 积极面

▶ 忠于组织和人。

▶ 恪尽职守，被人信赖。

▶ 始终预见风险，思考对策。

☹ 消极面

▶ 总是担心一些事情，感到不安。

▶ 不擅长做决断。

▶ 会审时度势识别当权者，做出见风使舵的行为。

类型 6 的人是下属时的对话举例

下属 客户叫我下周过去,我从早上开始就在想,是不是哪里有问题。结果越想问题越多……担心得连工作都做不了了。

你 你能举出可能会发生的具体问题吗?

下属 比如交付资料的时候可能有遗漏或疏漏,或者在之后的电话里说了一些不太恰当的话……又或者,连续出了这么多问题,他们可能会要求换一个负责人……不知道啊……越想越不安啊……

除此以外,类型 6 的人脑海中肯定还有更多令他们焦虑的东西。为了不被这些令人焦虑的东西压垮,他们又会产生多种想法。这些不安是自动产生的,他们很难去控制。

因此,他们可能会显露过于谨慎的一面,即使"石桥已经修好,还不敢过去",这可能会让其他类型的人感到不满。

类型 6 的人是上司时的对话举例

上司 ××,上周董事例会的报告我还没收到,现在是什么情况?

你 我已经写了会议纪要,给您发了邮件。

上司 仅凭那份会议纪要,我能知道接下来我要做什么吗?

你 大体上,上次会议里出现的议题都已经涵盖了呢……

上司 不行,准备得不够!你能理解我在董事会上的立场吗?董事信

任我才邀请我，但如果我无法回答董事们提出的问题，那我不就无法履行职责了吗！（生气）

类型 6 的人希望能按照期望履行被赋予的角色，所以他们要做好充分的准备。

因此，他们极度讨厌在信息不充分的情况下被要求做说明，或者在不知道当场会发生什么的状态下参加会议。

因为他们会觉得"不能发挥作用＝没有存在价值"，会变得不安，他们会为了将风险降到最低而竭尽全力。

擅长预测风险，但当存在不确定性因素时，会变得过于谨慎而不行动

类型 6 的人，对组织和上司非常忠诚，会拼命努力履行自己的职责。所以，在组织里他们是非常可靠的存在，从上司到下属都会很信任他们。

然而，在这背后一定要有支持他们的人或物的存在，还要有最后一定会给他们兜底、承担责任的上司，以及明确的职务、分工等。有了这些，他们就可以安心地发挥自己的能力。

另外，他们的特点就是不擅长做出决定，对于独自做出决定有抵触情绪。因为他们通常是在有别人保护的安全感下才能发挥他们的能力，所以他们不愿意自己一个人做决定和执行。

之所以如此谨慎，是因为他们头脑中始终存在风险和不安。从常见的风险到发生概率极低的风险，他们会考虑到各种风险和不安因素。

对风险做好准备是很好的事情，但为了避免甚至都不太可能发生的风险，连行动都停滞了，你怎么看？

为了让类型6的人能最大限度地发挥他们的能力，让他们愉快地工作，需要什么要素呢？那就是"信任"。在组织里能够充分发挥自己角色的作用，在此基础上还能赢得组织和同伴的信任，这对他们来说比什么都重要。

寻求安心安全的倾向性很强的类型6的人，被认为是日本人中最为普遍的类型。

他们擅长集体行动，在被赋予的角色中可以按照期望的方式行动。他们是被信任的，并会感觉到满足。

另一方面，一旦失去这种信任，或者突然被排除在外，他们就会感到不安，甚至出于自我防卫而攻击他人。平素为人温和且工作勤勉的他们，有时会表现出无法想象的愤怒。

对策

为他提供保护，以及创造一个可令他安心发挥的环境

对类型 6 的人来说最舒适的状态，是作为团队伙伴中的一员。彼此之间相互支持，在信任的基础上大家分工合作，是他们最理想的工作方式。他们向往的既不是谁最耀眼，也不是那种充满竞争和冷漠的世界，而是大家都能愉快工作的职场，这会让他们感觉到充实，并且更高质量地完成工作。

类型 6 的人是下属时的对策

给他们建立可以安心挑战的环境

对于类型 6 的下属来说，给他们营造一个能够安心挑战的环境非常重要。如果能够很好地营造它，并且适时给予他们一些反馈的话，他们会非常尽力地回应上司的信任。

首先，赋予类型 6 的人特殊的角色。当然，也要给他们搭建一个完整的支持系统，并且让相关人员周知。对类型 6 的人来说，自己的角色被公告了，万一发生什么风险便可以得到庇护，且有一个可以安心工作的环境，就可以好好地开展工作了。

此外，虽然他们希望在组织中好好履行自己的角色，但如果分工没有明确，他们就不知道该如何行动，结果就会干等指示，或者谨慎过头，如此反复。

而且，如果中途遭遇"下马"的话，可能会生气，会毫不犹豫地离开一直很信任的人，找到新的庇护者，很轻易地背叛旧人。

为了避免这种情况发生，要给类型 6 的下属创造让他们觉得安全可靠的环境。在角色发生变化时要尽早跟他们解释，并询问有没有疑虑。如果能跟他们一起去思考为什么这些担心是必要的，由此应该做些什么，还有什么其他可以获得帮助的地方等，他们就可以成为非常强大的合作伙伴。

> 与类型 6 下属的对话举例

- ▼ 你在组织中的角色是 ××。
- ▼ 做这些工作时的优先重要顺序是：①……②……③……为了履行这个任务，你需要什么支持吗？
- ▼ 在完成这些工作时，你觉得比较困难的事情是什么？
- ▼ 你有足够的能力去完成这些工作，所以我对你充满期待。

首先，明确告诉他们团队期望他们完成的分工，并且询问他们需要什么样的支持以及有什么担心，更进一步地向他们传递支持的信号，这样他们就可以安心地行动起来了。

类型 6 的人是上司时的对策

设法预先消除不安情绪

即使类型 6 的人是上司，对待他们的方式也基本上与对待下属的方式相同，信任是非常重要的。因此，需要倾听上司的担忧，自己先想好几个解决对策，再向上司提出规避风险的方案。

如果很难给出方案的话，那至少做到向上级传达现场的信息，增加他们的判断依据，让他们放心。

与类型 6 上司沟通的例子

▼ 现在担任这个角色，您有什么不放心的地方吗？

▼ 如果消除了这些不安，您觉得会进展得更顺利吗？

▼ 要消除这些令人不安的因素，有哪些方法呢？

▼ 如果从风险的角度分析的话，它发生的概率有多大呢？

▼ 为了规避这种风险，有哪些方法可行？

▼ 如果有我能做的事，尽管吩咐。

类型 6 的人总是面对风险。为了不让上司受到不确定事件的困扰，帮助他们也是你的工作之一。

在前文的对话示例中，不仅要提交简单的会议记录，还要考虑到上司的立场，跟他一起为下一次董事会做好准备。如果消除了他们不安的因素，他们就可以安心地发挥出本来的实力，而且对你的信任感也会增加。

类型 6 的人的共同特征	
行为	不安时会突然变得有攻击性，或容易被事情牵扯、纠缠。对于有固定步骤的工作，能够快速、准确地完成
语言	喜欢安心、安全、信赖等词语。对于新鲜事物通常避免直接表明态度。经常引用别人的话
兴趣及价值观	想要把工作流程化或手册化，以确保任何人都能获得相同的结果。喜欢与团队共事以获得信任

类型 6 的人在各种工作场景中的特征	
日常会话	能够给对方留下有常识性的、诚实的印象的对话
类型 6 的下属的报–联–商	报告：会在必要的时机做必要的汇报。内容上多是关于可预见的风险 联络：擅长清晰明了的沟通。始终站在团队角度上，可以与他人顺畅协作 商量：由于总是担心，所以经常会进行商量、沟通，其中有很多是希望他自己去思考的东西
类型 6 的上司的报–联–商	报告：经常询问，尤其是想了解风险和进展不顺利时的备选方案等 联络：关于对方担心的事情，可以勤快地跟对方联络 商量：喜欢商量，因为在沟通的同时，可以消除自己的顾虑。如果利用好沟通的话更容易建立信任关系
会议	对于没有证据的东西很难去发表言论。有时会把自己想说的话说成别人的意见来传达
谈判	因为他常常考虑风险，所以会准备很多谈判的筹码。但是因为不善于做决定，所以如果给他划分具体可以让步到什么程度的话，他可以做到很好地谈判

续前表

	类型 6 的人在各种工作场景中的特征
提案	如果对自己的角色分工感到满意的话，就会积极地承担。会充分做好准备工作和练习，不断提高工作的完成度。但由于对回答问题感到不安，因此可以预备好假设问题，并挑选备用人员以应对无法回答问题的情况

职场性格图鉴

类型 ⑦ 容易厌倦·找借口型

特点

只喜欢有趣的东西，不断地涌现新的想法

😊 **积极面**

▶ 快乐气氛的制造者。

▶ 创意丰富，能够让人跟随。

▶ 无论处于何种情况，始终保持积极的态度。

☹ **消极面**

▶ 不擅长付出努力和忍耐。

▶ 喜欢随心所欲地追求快乐。

▶ 没常性，被责备时则借口多多。

类型 7 的人是下属时的对话举例

下属 我又想到了一个计划！会是一个很畅销的计划，我马上写进方案。

你 你上周也说过类似的话，但那个方案还没写出来吧？

下属 咦，是吗？但这次计划更厉害，我先做这个。请拭目以待。

你 ……（又是这样。但这会儿骂他的话，他肯定有很多借口而且不推进工作，还是忍忍吧。）

这种正是类型 7 的人非常典型的模式。在日常工作中会浮现各种各样的想法，这个特质本身是很好的。

但是，类型 7 的人是非常不擅长把事情做到最后的。因此他们很难获得别人的信任，容易被视为只会说空话的人，常被周围人评价"光说不练""没常性""逃得真快"等。

类型 7 的人是上司时的对话举例

上司 小 A，下个月的老客户感谢会，我邀请了××大学的教授来演讲。因为原本邀请的集团公司的总经理每次都讲一样的东西，很无聊。所以不好意思啦，你能帮我跟总经理说一下吗？

你 现在，这个时候吗……嗯，好的。但是，联络函已经发去印刷了，怎么办呢？

上司 这个嘛……对了！可以用贴纸盖住做订正什么的，有很多解决

| 你 | 方法啊！
……（能不能不要凭一时兴起的想法来指示工作呢？）

类型 7 的人完全没有恶意，但因为他们会同时想很多可能性，想到什么东西就都说出来。

这样做可能会更有趣，或许还有其他更有趣的事情。类型 7 的人一直在追求好玩的事，大脑永无休息之时。

分析

无法完成任务，一直停留在嘴上说说

类型 7 的人思维很敏捷，经常能想到有趣的或新颖的事情，并乐于分享与表达。他们总是笑容满面，充满活力。他们是周围气氛的制造者，是人群中受欢迎的人，与他们在一起是很有趣的。

但是，如果是工作的话，事情往往适得其反。例如，他们产生了新的想法，但还没能做出样子就半途而废了，如果没有人帮忙跟进就无法完成，这样的问题在他们身上很容易发生。

在其他类型的人看来，这种没有取得成果就把注意力转向其他事情的行为是不值得信任的。

但是，类型 7 的人最关注、最热衷的事情就是想到某些事情并制订计划，但往往就只到这一步了。因此，在想出方案并且大致成型之后，注意力就分散了，有时甚至连成型的方案都拿不出来。

另外，一直进行到制定方案并进入执行阶段后，就会对之后的事情几乎丧失兴趣，注意力也会转移到下一个更有吸引力的想法上。但不管自己提出的想法多么有吸引力，好的话可能会做到执行阶段，通常只是把计划告诉别人就没有兴趣了。

还有一点，因为他们经常在想多件事情，所以经常忘记某件事或某样东西，或者忘记自己说过的话，有很多在周围的人看来属于没有责任感的行为，这也是他们的特征。

特别是新入职的员工，在一些基本方面，比如无法遵守承诺等，既困扰着本人也困扰着周围的人。但是，如果加以责备，他们就会找各种借口，用各种手段来推卸责任，说些不着边际的话来为自己开脱。因为他们的脑子转得很快，所以指导他们的人也会很辛苦。

对策

尊重他们觉得"有趣"的感觉，支持其完成目标

对于类型 7 的人来说，"有趣"比什么都重要。想让他们体会"痛苦""苦闷""忍耐"等乍一看是成长所必需的经历，效果往往适得其反。

类型 7 的人是下属时的对策

支持他们余下的三成工作,让其获得完成工作的经验

总之,类型 7 的人总是以一种不完整的状态结束工作。虽然有时是因为其他事物看起来更具吸引力,但有时也因为他们希望保留未来将工作至臻完美的可能性。

也就是说,因为"完成""结束"等于"完成的喜悦""享受完成的过程""通往未来的可能性"都结束了,所以他们会感到孤独、无聊。

他们会无意识地认为,做到七成就停住,未来或许会有更棒的想法。因为他们无法舍弃这种可能性,所以在别人看来是以半途而废的状态结束了。

但是,在工作中是不能这样的。工作需要的是如何更快、更准确地完成目前的任务,然后着手处理新事务,又或者必须同时推进几个项目。

因此,为了让他们完成工作,需要有帮他们一起完成最后三成工作的上司和同事。

话虽如此,但你的下属并不是只有一个人,所以其他人可能会想,"我哪有时间跟这样的人一起做事"。

即便这样,至少一次,给他们安排一个能陪他们好好完成最后三成工作的向导式的人。

即使无法在谈话上花那么多时间,也可以通过提出以下问题来引导他们完成最后的目标。

> **引导类型 7 下属实现目标的问题举例**
> - ▼ 首先，你的目标是什么呢？
> - ▼ 从这个目标倒推的话，你现在在哪个位置？
> - ▼ 你有什么创意可以让剩余的工作更加愉快地进行？
> - ▼ 如果目标达成了，你可能会获得什么？
> - ▼ 那些工作对你来说是必要的吗？
> - ▼ 首先从哪里开始着手？

通过这样的询问，让下属明确需要做的事情。此外，要说好接下来一起完成剩下的三成，并承诺为此提供必要的支持。让他们体会到完成工作的精彩之处和完成工作所带来的充实感。

也许一次谈话难以产生变化，但不要责备和逼问，而是从力所能及的事情开始一步一步地推进。

类型 7 的人是上司时的对策

避免被随意指示的具体方案

如果类型 7 的人是上司，令人最困扰的是他们会随意下达指示。虽然工作需要新的想法和计划，但如果工作是在规定的流程中进行的，每次突然冒出想法就下达指示，会导致现场很混乱。

这种时候，如果对类型 7 的上司说，"业务流程不是这样的"，他们可能会摆出一堆道理。

因此，当你觉得"这是一时兴起的指示"时，就有必要在夸赞一下上司出色的策划能力和创意后，再进行提醒"为了达成这次的目标需要做什么""事情的优先级是什么"。

和自尊心很强的类型 7 上司据理力争会适得其反，他们的脑子转得很快，会全力以赴地证明自己的指示是正确的。

为了防止这种情况的发生，不要急着去否定，而是基于目标去做沟通。下面我举个例子吧。

规避类型 7 上司的突发指示的对话例子

- ▼ 这次您指示的方法极具创意，特别符合您的风格。
- ▼ 实际上，按照现在的做法，工作已经进展到七成了。为了避免现场混乱，新的方法从下一个项目开始引入，怎么样？
- ▼ 团队成员也觉得这样的话会更没有疏漏和负担，下一次的项目好像也可以实现优化。
- ▼ 谢谢您总是通过新的方法来改进业务。

这只是一种对话形式的举例，重要的是不要从否定新想法开始，而是从赞扬其出色的构思能力和对新事物充满挑战的积极性等切入。

上司的建议本身需要审慎考虑，但你也不要墨守成规，把类型 7

上司的新提议落实，取得成果，也是你重要的职责。

能这样考虑的下属并不太多。因此，你可以和其他的员工实现差异化，让上司觉得跟你一起工作很愉快，你可以把他想做的事情变成现实，他则有可能将你晋升为能够带来成果的合作伙伴。

类型 7 的人的共同特征	
行为	无论如何总是很热闹，很有存在感。善于活跃气氛，行动灵活。有幽默感，善于逗人笑
语言	喜欢使用开朗且积极的语言。会使用夸张表达、拟声词和拟态词等，富有表现力。喜欢的词汇是幸运、快乐等
兴趣及价值观	总之，喜欢有趣的事情。喜欢把人聚集起来，喜欢热闹。在派对和宴会上擅长营造热烈气氛

类型 7 的人在各种工作场景中的特征	
日常会话	无论如何都要愉快地享受交谈。可以和任何人自然地交谈
类型 7 的下属的报－联－商	报告：由于是在有灵感时汇报，所以经常会有遗漏或疏漏的情况。有时也容易跳跃性地谈论话题 联络：与报告相同 商量：不善于面对痛苦，所以不会去谈论沉重的话题。即使有烦恼，也无法对别人诉说
类型 7 的上司的报－联－商	报告：只想听自己感兴趣的部分。会一边听报告一边想着其他的事 联络：与报告相同 商量：不想接受太沉重的商量。即使接受也只会给出一些浅显的表面建议
会议	重视营造轻松的会议气氛。有时会偏离话题。会议本身很有趣，但可能未达到会议的目的

续前表

	类型 7 的人在各种工作场景中的特征
谈判	不擅长条件苛刻的谈判。如果和对方的关系进展顺利,就可以达成协议;但是和严苛的类型和难以取悦的类型无法进行谈判时,就会接受对方的要求
提案	由于具有表现力,因此可以进行引人入胜的有趣演示。但是,由于不喜欢准备和练习,因此往往会在当天准备并上场演示。尽管如此,还是可以做得很好。但是有时也会偏离演示的目的

类型 ⑧ 重视输赢·拼尽全力型

特点

沉浸在追求胜负之中，无法考虑他人的感受

😊 积极面

▶ 保护弱者的老大哥型。

▶ 三言两语就能把事情说清楚。

▶ 具有能达到目的的沟通能力。

😐 消极面

▶ 有压迫感，会给周围带来紧张感。

▶ 太过执着于胜负，会让气氛变得不好。

▶ 夸张表现比较多。

类型 8 的人是下属时的对话举例

下属 已经过了资料的提交期限，可是 A 前辈你还没有提交。

A 我昨天交了。

下属 可是我没有收到！

A 我发邮件了啊……

下属 不对，请你打印提交给我！

你 你说话能不能考虑一下对方的感受？ A 可是你的前辈呢！

下属 但是，不遵守提交方式不是 A 的问题吗？

在这个例子里，类型 8 的下属对于自己的前辈 A 没有遵守工作约定的时限、没有按照要求把资料交给自己的行为很不满。

类型 8 的下属讲的是事实，但是从前辈的角度来看，可能会感觉自己被责备了。

遵守职场的规则是很重要，但这种沟通方式是有问题的。因为类型 8 的下属的表达方式缺乏考虑对方的感受，所以有时会导致现场气氛变得很僵硬。虽然对方可能会按照你说的去做，但是被要求的人也不会有好心情。另外，可能有的人听到这种交流方式就退缩了。

类型 8 的人是上司时的对话举例

上司 ××，这样让人怎么搞得清楚！（把资料扔在桌子上）

你	啊……什么事？
上司	为什么不能按照指示去做呢！
你	我是按照您的指示做的……
上司	你没有听清楚我说的吧，所以才会搞成这样！
你	……（我是按照您给的样式做的呀！）

类型 8 的人往往表情严厉、肢体语言粗鲁、措辞尖锐，因此，当像例子中那样说话时，很多人会感觉受到了威胁。

如果你了解上司的性格，知道他没那么严厉，也知道他没有恶意，从某种意义上来说，就可以当作一种正常的交流方式。但是，对于新进入公司的员工来说，可能会听起来像是被骂了。

严格来说，这不是权力骚扰，而是工作指导中的一个环节，但如果这样的情况反复出现，也没有给出明确的指示或者改善的建议，就有可能发展成权力骚扰，这一点要注意。

分析

表面上希望被人高看，内心其实是胆小鬼

类型 8 的人想要被身边的人视为强者，所以不由自主地让自己显得更加强大。

然而，实际上他们知道自己胆小、懦弱，但又不想被别人发现，因此表现出强大的样子。因为这些表现又是无意识的，所以他们自己几乎意识不到。

要想让类型 8 的人敞开心扉说出真话，是需要一定时间的。因为他们会特别在意是自己强还是对方更强，所以他们会盯着对方，默默地收集信息。

并且，为了不让自己被人看穿，被对方发现自己的弱点，他们会牵制对方。这种行为在对方看来是具有威慑力的，所以会营造出一种不舒服的氛围。

除此之外，经常用高姿态发表具有威吓性的发言，也是类型 8 的人的特征。尽管他们对人并没有恶意，只是想要保持稍微高一些的姿态，因此不知不觉地就会说出严厉的话。

例如，你在会议期间有没有留意过一些双臂交叉、面容严峻、散发出威严气息的人。这些人大概率是类型 8。他们在将自己与他人进行比较，以显示谁高谁低。

一旦加入团队，知道自己的位置，能够根据权力位置去选择自己的参与方式，他们就会感到安心。

如果他们能处理好自己的位置以及和周围的关系，就会尝试成为领袖或追随者，试着使用或巧妙地利用自己的角色，也可以有效地发挥自己的作用。

但是，他们一旦认为身边某个人是自己的敌人或亲属的敌人，不管对方的职务或地位如何，都会毫不留情地发起攻击。什么人会触发他们的敌对情绪呢？一般来说有以下三种：

- 和自己力量相当的人；
- 看起来比自己弱，却敢于挑战自己的人；
- 看起来比自己强大，但似乎存在自己能赢过对方的业务领域的人。

这三种模式，归根结底都是类型8的人与对手进行竞争，无论是争上下还是争胜负。

这在某种程度上是一个衡量自己立场、距离的仪式，直到知道自己所处的位置以及守护自己的边界没有什么问题。

但是，如果让现场的气氛尴尬，或者导致团队中的某些人难以工作，或者导致跟客户或者合作伙伴的关系恶化，则需要进行干预。

比如，如果是类型8的下属的问题，要告诉他让对方不高兴的事情，并且严词训斥他。

如果是类型8的上司的问题，很难直接告诉他本人的话，则要把导致关系恶化的事实向上司的上级去做汇报。

总之，类型8的上司所引发的问题很容易演变成权力骚扰，所以周围的人需要警惕。

他们基本上都是心地善良的人，如果有人向他们寻求庇护的话，他们是会全力守护人的老大哥类型，只是有时会表现得过于严厉。另外，对于比自己更强的人，值得尊敬的人，他们也可以坦诚地追随他们。

对策

试着再靠近一步，消除对方的警惕心

类型 8 的人在周围人陷入困境时就会展现领导力，挺身而出，为了拯救同伴于危难之中甚至不惜做出自我牺牲。那么，怎样才能把类型 8 的人的这些优点展现出来呢？

类型 8 的人是下属时的对策

告诉他们自己的失败经历和弱点以获得共鸣

类型 8 的人最不想被别人看到的是自己的软弱。但是，无论是谁，都有软弱的一面。所以对于隐藏这些部分、通过逞强来维护自尊心的类型 8 的人来说，他们对把真实的自己展示给别人是非常抗拒的。

想要拉近和他们的距离，首先要让对方了解你，尤其是自己不擅长或担心的事情，让对方知道你也是一个脆弱的人。

当然，没有必要将你脆弱的一面全部展示出来，只是你认为可以展示给对方看到的弱点和失败的经历就可以了。

这个时候，对于类型 8 的人不擅长的东西，如果你可以跟他们分享自己的失败经验，那么合作起来效果会更好。

对方会因此对你产生亲切感，对你从失败中重新崛起的经历感兴趣。然后，对方也会敞开心扉，如果他们也能披露自己的弱点，那就再好不过了。

> 自我披露时的对话举例

- ▼ 当我和你一样年纪的时候，发生过这样的事情。
- ▼ 我也经历过失败。
- ▼ 这是关于当时不太顺利而备感煎熬的故事……
- ▼ 我不擅长的是这样的事情。
- ▼ 那次失败中所获得的经验，现在仍然对我有帮助的是……
- ▼ 你有过类似的经历吗？

第一，需要为对方营造一个容易交流和能够消除戒备心的氛围。

第二，前文在类型 8 的人是下属时的对话举例中责备前辈的对话，说到底是为了隐藏自己的弱点而发起的攻击而已（即邮件接收确认）。因此先表达感谢，然后承认是自己没有确认清楚，再对下次的提交方式达成共识就可以了。

要让类型 8 的人理解自己的这种强硬态度会对周围人产生什么影响。

类型 8 的人是上司时的对策

赢得对手的信任并成为他们的盟友

要解除类型 8 的人的警戒心，首先要发现他们的优点并加以称赞，表现出一种对他们很信赖的态度。

的确，类型 8 的人给人一种压迫性强、难以接近的印象，但是一旦进入其内心深处，他们就会变得温暖且亲切，你可以知道他们生气的原因，以及他们为什么高兴。

通过反复进行这样的接触，就可以取得类型 8 的上司的信任，并对其有所帮助。具体来说，可能会被上司征求意见或得到工作机会。

通过类型 8 的上司身边没有亲近的人，内心非常孤独。所以当你成为他们最信赖的人时，会发现再与他们合作时就没有什么需要担心的了。

获得上司信任的对话举例

▼ 您（上司）的谈判能力好强啊。（表扬他们的谈判能力、行动力、领导力等。）

▼ 我和其他部门的 ×× 沟通得不是很顺利，这让我很苦恼。（自我披露。）

▼ 下次会议的时候，×× 也会参加，我们部门的意见由您来讲可以吗？如果是您来讲的话，相信大家会认真地聆听。（告诉上司他的权力和威信。）

▼ 具体就是这一点有问题，导致谈判不能继续进行。（提供具体的信息。）

▼ 我不确定这个资料有没有按您的意思做好，所以想跟您沟通一下。您重视的要点是什么？（前文的例子中，在制作资料之前，寻求上司的帮助是一个明智之举。）

▼ 我就指望您了。（表达对上司的期望。）

这些只是例子，重要的是认可上司的能力，自己做不到的事情可以借助上司的力量完成，为此要向上司提供相关信息，并且表达想要得到上司支持的期望。

请上司帮忙的事情，可以从自己觉得有困难的事开始，再慢慢地变成"拜托"其帮忙解决同事工作上的困难。这样的话，一直以来对上司敬而远之的同事和下属，也会慢慢地与其靠近。

可能的话，可以告诉那些觉得类型 8 的上司很难共事的人，上司为大家付出了多少努力。这样其他人看待类型 8 的上司的目光会有所改变，曾经被认为威严且令人畏惧的上司，可能会变成可以依靠的老大哥型的上司。

类型 8 的人的共同特征	
行为	声音洪亮，发言果敢自信。行动迅速，决策果断。指示命令很多，如果遇到反对意见会试图反驳
语言	没有太多解释，只是简单地传达结论。Yes or No，黑白分明，语言清晰易懂

续前表

类型 8 的人的共同特征	
兴趣及价值观	力量、权力为上。无论地位高低,理想就是别人按照自己的意愿去行动

类型 8 的人在各种工作场景中的特征	
日常会话	简单明了地传达必要事项,不说多余的话
类型 8 的下属的报–联–商	报告:话很少,为了简单明了地传达信息,倾向于省略细节,如果被问这问那会觉得很麻烦 联络:与报告相同 商量:很少主动商量,如果跟上司建立了依赖关系会去商量
类型 8 的上司的报–联–商	报告:从结论开始说。简单明了地传达信息。重要等级比较低的事情较少主动表达,被问及再讲 联络:与报告相同 商量:他们很喜欢被依赖,所以可以跟他们沟通。最好询问与他们有关的问题,以便发挥他们的优势,这也是向上司请教的好机会
会议	由于他们经常沉默地交叉双臂坐着,所以看起来很有压迫性,会让参与者感到紧张。需要缓和气氛,创造一种让其他参与者更容易亲近的氛围
谈判	大多擅长谈判。但是,谈判结束时对方是否接受是存疑的,最好后续对每个谈判对象进行跟进,确认是否满意
提案	虽然缺乏表现力,但能简单传达想要表达的意思,因此可以较好地演示。因为表达时气氛较为严肃,需要通过一些调节气氛的活动以缓解参与者的紧张情绪。此外,为了将参与者纳入讨论并体现双向交流,可以提出一些让听众都能回答的问题

第 2 章　分析九种人格类型，发现难搞的人的特点和对策

> 类型 ⑨　**不挑明・磨蹭型**

特点

观察着周围，踏实地做好自己应该做的事

😊 积极面

- ▶ 会观察场域的气氛，保持平衡。
- ▶ 一旦做出决定，就会坚持不懈、持之以恒地努力。
- ▶ 关键时刻能靠得住。

😟 消极面

- ▶ 决策很迟缓。
- ▶ 即使自己有想法，也不会轻易发表意见。
- ▶ 不表达真正的想法，会隐藏自己在情绪。

类型 9 的人是下属时的对话举例

下属 我在为下个月的学习会做准备,有两名候补讲师,但我在犹豫应该请谁……

你 这次因为时间关系,原则上只请一名讲师吧。

下属 是的,所以我很苦恼。

你 这次是关于合法合规的主题,是不是 A 更合适?

下属 是的。在合规方面,A 确实是公司里最有经验的人。但是 B 可以从法务的角度来讲,所以有人提出想听这部分内容……

你 原来如此,确实不好选。那不如调整时间,把两位讲师都邀请来讲。

下属 那就这样办吧。只要调整好时间,应该是可以的……那就这样试试吧,可是这样的话,谁先讲,谁后讲,这也好难决定啊……

你 ……(不管哪个都可以啦,但是你自己无法做决定,真是让人伤脑筋啊。)

类型 9 的下属,即使是在别人看来很小的事情,他们也很难自己一个人做出决断,经常处于左右为难的状态。如果他们被催促"赶快决定""现在马上决定",被施加压力,那么有时结果往往不尽如人意。

类型 9 的人是上司时的对话举例

上司　必须把客户从三家砍到两家。

你　　A 公司、B 公司、C 公司，砍掉哪一家呢？

上司　是啊，这三家公司都合作很久了，各有各的优点，一直保持着良好的合作关系。

你　　是吧，所以没办法是吗？

上司　就是没办法才苦恼啊！

你　　但是，这是公司的要求，对吧？（如果是我，应该会裁掉 A 公司吧。要不，就做个对比表先看看。）

上司　我知道啊！这不是决定不了吗！

　　这个案例就是类型 9 的人处于无法做出选择的困境，最终被逼得情绪失控的例子。

　　类型 9 的人平时非常温和，但是容易积攒情绪（尤其是愤怒），因为他们无法把这些情绪发泄出来，所以当忍耐到极限时会突然变得很生气，或者会封闭在自己的世界里。

　　一旦发展到这个阶段，他们就会变得非常顽固，听不进任何意见。而且，不管对方是上司还是下属，他们都不表态，很难理解他们在想什么，此时情况可能会非常棘手。

分析

为了同事间的和谐，会选择自己忍耐

类型 9 的人虽然平时没什么存在感，但他们实际上时刻在观察周围的情况。为什么他们会这么做呢？因为他们要保持自己和身边人的平衡。

如果发现有失衡的地方，他们就会悄悄地注意或者尝试调整，但是因为平时太过低调，所以容易被忽视。

他们不擅长公开做事情，因为担心自己的行动会进一步打破周围的平衡，所以他们会战战兢兢地观望，但是如果找到自己能做的事情，就会不惜一切代价地采取行动。他们是真正的心地善良、热爱和平的人。

但是，周围的人往往会认为他们"不能做出决定""行动缓慢""不表达意见""不说话"，是无用之人，给他们贴上这样的标签。

跟他们一起工作时，的确会有很多让人感到烦躁的情况。但是，类型 9 的人有自己独特的能力，那就是"观察力和调整力"。虽然平时话不多，但是他们会认真观察人和物，以及事态发展的过程。哪里正常运行、哪里失去平衡、哪里有漏洞，这些他们都有自己的想法。

然而，为了不让自己和周围的人引发骚动，他们希望一直维持平衡的状态。

比如，会议上如果有人因为回答不出问题而丢脸，虽然他们不会站出来替其回答，但是在会议结束之后，他们会建议"刚刚说的那件事在这个资料里有""不要感到沮丧，下次我和你一起准备会议资料"。

对策

提高其团队合作意识，让他们拥有为团队做出贡献的经验

类型 9 的人想要靠近别人，却害怕踏出这一步，有一种犹豫不决的感觉。可以让他们跟伙伴一起完成一些事情，作为团队的一分子去发挥作用，并且让他们体验参与决策的过程。确保安全领域和共享决策信息对他们的成长至关重要。

类型 9 的人是下属时的对策

让他们挑战自己去做决策的工作

让类型 9 的下属成长的首要前提是与他们建立信赖关系。因为类型 9 的人会非常用心地深入观察，如果你只是想跟他们建立表面关系，马上就会被其识破。因此，作为上司首先应该做的是对员工的行为动态表示关切，这意味着鼓励或表扬。

比如，"谢谢你给会议上遇到困难的小李提供建议，还有鼓励情绪低落的小张"等具体的感谢话。他们是绝对不会主动向外宣扬自己做了什么事的人，所以如果你能注意到并且给予肯定，他们就会敞开心扉。

在建立了基础的关系之后，接下来要尝试的是让他们挑战一下需要决策的工作（选 A 或选 B）。

要告诉类型 9 的人做出判断不是他一个人的责任，上司也会为最终的决定承担责任，为其提供安全感。

在此基础上，给他们提供做决策所必要的信息，选 A 或选 B 的优势和劣势分别是什么。此外，还需要考虑选择时组织的优先级和上司的想法。

他们做决定可能需要花费一些时间，所以要设定期限并承诺可以等待，并且在约定的等待时间内不要对其施加压力。

获取意见的步骤

- ▼ 谢谢你一直以来对工作伙伴和客户的关心和体贴。
- ▼ 多亏有你在，事情才可以这么平衡和顺利地推进。
- ▼ 关于这件事，我想听听你的意见。
- ▼ A 的优点是……，缺点是……；另一方面，B 的优点是……，缺点是……
- ▼ 从组织的判断标准（QCD= 品质、成本、交付期）来说，这次最重要的是交付期。虽然我也认为品质很重要，但这次还是交付期优先。

- ▼ 在此基础上，我能听听你的意见吗？因为你很善于观察和收集信息。
- ▼ 最终决定的责任由我来负责，所以你的意见只是参考。
- ▼ （获得意见之后）原来如此，我知道了。谢谢，我会参考的，你帮了我大忙。

先降低他们发表意见的门槛，然后逐渐省略这些步骤，给他们做出决断的机会。

类型 9 的人是上司时的对策

和上司一起创造推进事情的机会

当类型 9 的人是上司时，下属会觉得他们很难接近，因为他们是"无法做出决定的上司"或者"逃避责任的上司"，所以要先从撕掉这些标签开始。

类型 9 的人做事可能会显得没有思考或没有行动之前的准备，但这只是因为那些过程不容易为他人所看见而已。

一旦成为上司，就有责任去实现组织的大目标。只不过推进大的目标或确定的目标，对类型 9 的上司来说是很痛苦的事情。

然而，作为上司，领导并推动团队朝着正确的方向前进是非常重要的，这时就轮到你出场了。

大目标是从分解成易于处理的小目标开始的。试一试把这个方法用在上司身上吧。

> 为达成目标的对话举例

- ▼ 为了达成部门本季度的目标,请您帮我一起想想,从我的角度可以提供哪些协助。
- ▼ 例如,我们试试把大目标分解一下,确定谁应该在什么时候做什么。
- ▼ 首先,想想我们两个人必须要做的事,然后跟团队一起开会怎么样?其次,应该需要和相关部门协调一下,可能我们也把会议安排一下比较好。
- ▼ 明天下午您有时间一起商议一下吗?我们俩先一起想想,把框架搭出来。明天,再进一步沟通。
- ▼ (在沟通的最后)框架已经搭好了,在此基础上我们召开团队的全体会议吧。听听大家的意见,把内容填到这个框架里,感觉会有很好的效果。

这仅仅只是一个例子。可能有的人会认为,不需要为上司安排这么多东西吧。但是对于类型 9 来说,为他们创造推进事物发展的契机,可以让他们发挥出意想不到的力量。如何迈出第一步是非常重要的。

类型 9 的人的共同特征	
行为	说话声音小,行动尽量不引人注目;与人在一起时感到安心,因此喜欢成为集体的一部分;善于观察人和事物
语言	不太善于表达,词汇也不多。本来就不爱说话,如果不是迫不得已,则不会发表自己的意见

续前表

类型 9 的人的共同特征	
兴趣及价值观	和平、和谐、平衡很重要。如果有人处于危急关头，会令人意想不到地帮助对方

类型 9 的人在各种工作场景中的特征	
日常会话	毫无意义地闲聊；以听为主
类型 9 的下属的报-联-商	报告：其实注意到了很多事情，但只会报告最基础且必要的事情；即便有自己担心的事也不说 联络：如果有联络模板的话，可以不遗漏地进行联络 商量：除非是特别信任的人，否则不会去商量，特别是对年长的人
类型 9 的上司的报-联-商	报告：基本上以听报告为主，不会主动问太多问题，但还是希望了解更详细的情况 联络：与报告相同 商量：如果你遇到困难跟他商量，他会非常照顾你。他们私下会特别担心人际关系的平衡被打破
会议	经常充当倾听者，不擅长在很多人面前表达自己的意见。如果需要征求意见的话，最好提前告知需要哪些方面的意见，并给予充分的准备时间
谈判	不擅长谈判。为了维持平衡，常常很难得出结论。最好避免一对一的谈判，如果是几个人一起的话，他就可以安心地参与其中
提案	本来就不擅长在人前讲话。如果要提案的话，需要好好准备加以练习。另外，也不擅长回答问题，因为即兴发挥是其弱项，所以最好安排一个负责回答问题的人来减轻他的负担

第 3 章

知道自己的类型，让人际关系变轻松

知道自己的类型,就知道如何与他人相处

在这一章里,我们会通过了解自己的类型来思考如何与他人相处。下面,我把各类型的"优点"简单地概括出来,请根据自己的情况寻找对应的类型。

类型 1 的人

正义感很强,会推动改革

在推动组织变革时,这种特点会发挥非常强大的作用。前提是,组织的目标和本人认为的"应该如此"重合的时候,才不会产生偏差。他们能够振臂高呼把人凝聚起来,并且把事情推动到底,这种推动力在各种类型中都是超群的。

类型 2 的人

不遗余力地为个人或组织做出贡献

如果收到他人的感谢,会不惜为对方竭尽全力。即使把自己的工作推后也会对别人伸出援手,有时会失去平衡,无法确定优先顺序。对人和善、愿意投身于工作是这种类型的优点。

类型 3 的人

理解很快，工作效率很高

如果有这种类型的人在组织里的话，工作将非常顺利。但是，因为他们喜欢被关注，所以有时可能会抢别人的功劳，在周围的人看来他们好大喜功。即使这样，他们依然会积极地投身于工作，但不想让别人看到他们努力的痕迹，而想让别人认为他们是聪明地实现目标的类型。

类型 4 的人

以个性鲜明、出人意料的想法惊艳世人

因为他们不遵循组织规则，偏好独树一帜，所以有时很难平衡他们的创造性和组织要求。在艺术和音乐方面会表现出自己的才能，具有完成无人能够模仿的工作的能力。

类型 5 的人

努力获取自己感兴趣的领域的深度知识

多数时间独自度过，花费时间进行研究和分析。相对于输入，输出量较少。如果能够巧妙地利用这些知识的话，就能为他人做出贡献。

类型 6 的人

沉浸在组织的角色中,忠诚地完成任务

类型 6 是会为了获得别人的信任而努力的类型。喜欢集体行动,喜欢在统一机制的组织里有条不紊地工作。但是,一旦他们发现无法获得组织和他人保护的话,可能就会干脆离开,寻求下一个角色。

类型 7 的人

作为氛围调节师,让组织充满活力

热衷于有趣的事情、自己感兴趣的事情,是会不断推出新计划的类型。虽然会做计划,但是不善于把事情干到底,容易半途而废。他们有能力为周围创造轻松愉快的氛围,激发组织的活力。

类型 8 的人

会炫耀自己的能力、保护同伴

性格"扶弱挫强",会很珍惜自己的伙伴和下属。但是他们很执着于胜负,一旦进入战斗模式,就会想要用力量征服对手,所以树敌很多。其实本身是心地善良的人,但遗憾的是很难被周围的人所了解。

> **类型 9 的人**
>
> **不忘照顾身边的人，总是俯瞰周围**

不擅长决策，虽然很少表达自己的意见，但也并不意味着没有主张。担心因为坚持自己的主张而导致关系失衡。热爱和平、和谐，很重视人与人之间的关系。

了解自己的优势，是获得他人信任的第一步

在看了这九种人格类型的特征之后，有没有发现，"我是这个！"

首先，选择自己的类型。发现了自己人格类型的优势之后，尝试有意识地带着它生活一段时间。如果感觉不协调的话，再考虑其他类型。

然后，一旦找到了匹配的类型，就要把它作为自己的优势，为他人服务。要想获得别人的信任，最好的方法就是为他人做贡献。

因为优势本来就是为了让别人使用的，而不是为了让自己变轻松的东西。

因为这个特征你有，别人没有，所以才显得珍贵。

在发挥优势时不要吝啬，为别人多利用。在不断重复的过程中，会得到周围人的认可和信赖。

意识到自己的缺点，就会产生改善的想法

接下来，当你知道了自己的类型之后，回到第 2 章，重读一下那个人格类型的缺点。看看对于别人来说，自己有可能成为什么样的"难搞的人"。这样的话，会使你感到轻松。

为什么这么说呢？因为当你能意识到自己的缺点，就可以客观地看待自己，改善自己性格的想法也会不断涌现。想从职场中不良的人际关系抽身，首先要意识到自己的缺点并且接受它。

自己的常识，不是其他类型的常识

在第 2 章了解了上司、下属的类型，理解其特征，进而在本章了解自己的类型，就能理解至今为止自己与对方难以协作的原因了。

也就是说，自己类型的常识不是其他类型的常识。要说是什么形成了各种类型的常识，那就是各类型的人的"价值观"。价值观就是"人生的优先顺序"。

正因为各类型的人都有各自珍视的价值观，而为了坚守这种价值观，他们就能打开自己内心干劲的开关，努力奋斗。

下面，我们就来简单梳理一下各类型的价值观吧：

▼ 类型 1 的价值观：守护自己心中的正义；

▼ 类型 2 的价值观：为周围的人做出贡献；

▼ 类型 3 的价值观：追求实现成果和取得成就；

▼ 类型 4 的价值观：展现个性和独特性；

▼ 类型 5 的价值观：积累知识；

▼ 类型 6 的价值观：尽职尽责完成任务；

▼ 类型 7 的价值观：让自己和周围的人感到快乐；

▼ 类型 8 的价值观：用个人力量保护周围的人；

▼ 类型 9 的价值观：凡事都要讲究平衡。

价值观没有好坏之分，只是潜意识里我们很珍惜的东西，所以成了我们做出选择和行动的动机。只有当不同的价值观发生冲突时，才会发展成人际关系的问题。

所以，只要知道自己有自己的价值观，别人有别人的价值观，只要能理解"价值观的碰撞是很正常的事情""不要强行把自己的价值观强加给对方"，人际关系就会发生改变。

从不同的商务场景来看在工作中取得成果的改善要点

初次见面如何展示优点

在初次见面的时候，容易表现出各类型的特点。一般来说，初次见面的印象在 15 秒之内就形成了,而且据说会持续一年以上。

因此,留下什么样的第一印象,会对之后的工作产生深远的影响。下面,我总结了不同类型的注意事项,以供参考。

- 类型 1:因为表情容易变得严厉,所以要有意识地嘴角上扬,展示一种亲切的印象。最好能以对方的视角来表达自己所感受到的问题意识。
- 类型 2:虽然不是自己有意为之,但常常能给人留下平易近人的好印象。要注意的是不要与初次见面的人交往过深。
- 类型 3:因为很注重外表,所以能留下好印象,但是有爱出风头的一面,所以要注意不要总是炫耀自己的事情。
- 类型 4:虽然不擅长主动融入人群中,但找到和对方的共同点,让话题活跃起来就好了。
- 类型 5:虽然想避免与初次见面的人交往,但是对于拥有自己感兴趣的信息的人,值得积极行动。
- 类型 6:如果有明确的角色的话,会为了完成自己的任务而积极行动,所以最好事先决定角色分工。
- 类型 7:能够作为气氛担当把场面活跃起来,人也非常幽默,但是要注意不要偏离主题。
- 类型 8:很容易无意识地变成有压迫感的态度,注意避免出现交叉双臂、一直盯着对方等诸如此类的身体语言。
- 类型 9:给人笑嘻嘻的很老实的印象。因为声音小,看起来没有什么自信,所以最好准备好适合自己的自我介绍。

会议发言小妙招

会议也是很容易体现各类型特征的工作场景之一，尤其在发言的时机和内容上。

我会告诉大家在知道了自己的特征之后，可以通过做什么来对会议现场做出贡献。

下面，我总结了在会议上不同类型需要注意的要点，供大家参考。

- 类型 1：发言的时机比较早，所思所想会坦率地表达出来。但如果"应该这样"的表达过于强烈的话，可能会被某些人解读为批评。要注意思考自己的发言是否容易被接受。另外不要忘记照顾那些持有反对意见的人，尽量向他们传递组织的共同目标。

- 类型 2：因为有意识地在为参与者做贡献，所以会在适当的时机发言。如果有人遇到困难的话，可能会为了拉人一把而导致话题偏离，或者过于执着细节。需要回想原本议题是什么、目的是什么，调整目标。

- 类型 3：发言的时机太早。有时会把别人说过的话改口，像表达自己的意见一样表达出来。为了听起来很厉害的样子，会经常用难懂的词汇和片假名（日语中的外来词）。因为本身是很容易成为八面玲珑的人，所以不要被别人的意见带跑，要把自己的意见整理好之后，结合依据进行发言。

- 类型 4：发言情况飘忽不定。情况视不同的参与者和议题而定，有时即使被要求也不太愿意发言。但在发言时，往往会传达一些独具匠心的想法，有时甚至会让参会者大吃一惊。为什么会产生这样的想法，这种想法有什么好处，要能客观地表达出来。此外，要注意有时可能会没有认真回答对方的问题。

- 类型 5：不擅长主动发言。只有当自己有非常坚定的自信，或者能够提出证据的时候才会发言。尽管可能希望自己很确定时再开口，但只是思考过程中的意见和思考的方向也已经具有足够的价值了。

- 类型 6：如果有角色的话，比较容易开口发言。因为担心的事情经常浮现在脑海中，所以经常以此为中心进行发言。但也会收回自己的意见，转而追随在场有力量的人。从不同的角度展示对组织的风险，并思考其对策就好。

- 类型 7：虽然发言很多，但是与议题无关的话很多；擅长调和场面的气氛；关于主题可以给出很多想法和方案，因此不会让讨论陷入僵局。积极地提出想法是好的，如果能想到实现的可能就更好了。

- 类型 8：虽然发言的次数不多，发言很短，但是因为有决断性而有说服力。因此，周围的人不容易表达反对意见。表达自己的观点很好，如果能听听其他参加者的意见就更好了。

- 类型 9：本来就不擅长在人前发言，也不擅长做决定。当被迫做出结论时，可能会想方设法逃避。不是没有意见，而是在观察周围的同时兼顾平衡的意见。注重和谐的意见是有价值的，但也要勇敢地去发言！

谈判中的制胜法宝

在谈判中，很容易展现出各类型的特征。谈判是商务人士所必备的技能。如果能了解自己在谈判时的倾向的话，就可以避免事与愿违的结果。让我们提前来了解这些要点吧。

- 类型 1：自以为很擅长谈判，但在对方看来却很强势，并且缺乏依据。因为交涉的结果对方不接受，所以可能会想下一次再出其不意地打败你，或者背后暗算你。首先要好好地倾听对方，然后再以建立长期关系为目标想想自己所能做的事情。

- 类型 2：基本上会毫不吝惜地向对方展示自己能做的事情。虽然会得到对方的感谢，但是会偏离组织的目标。因此，不要被情感牵绊，事先确定谈判的底线。

- 类型 3：基本上很擅长谈判，在实现组织目标的同时，引起对方的认可。有时也会把感情抛在脑后，做出冷酷的判断。如果能仔细地倾听对方的讲述，就不会给双方的感情留下隔阂。

- 类型 4：因为性格里有天马行空的部分，所以有那种你说东他说西、不讲道理的情况。如果自己的意见不被采纳的话，可能会逃避现实，所以要有承担责任、把谈判完成的决心。另一方面，当谈判陷入僵局时，有时也会发挥出用独创性的想法解决问题的力量。

- 类型 5：很多时候认为自己不擅长谈判。但是，当涉及自己的专业领域时，因为积累了比任何人都丰富的信息，所以有非常好的证据和数据来支持自己的论点。但有时会通过理性推理来压制对方，推进事情时缺乏考虑情感方面的因素，所以最好也要考虑对方能得到的好处等。

- 类型 6：如果是谈判代表的话，一定会做好充分准备去谈判。会准备好被拒绝后的第二种方案，甚至第三种方案。另一方面，如果背后没有强有力的后盾的话，很难坚持，所以需要跟掌权者就谈判的妥协点达成共识。

- 类型 7：即使是棘手的谈判也能轻松地面对，不会被对方压制，而是坚持己方想要的结果。常常会有新的想法，这个不行的话就采用另一个，会有不同的新方案。但这样有时候可能会激怒对方，所以最好在谈判前先分析对方的特征。
- 类型 8：通常采用强硬的交涉方式，把方案强塞给对方。在那种场合里，对方无法说 No，但即使看上去是同意了，之后也可能会拒绝。为了不让事态演化成单方面的谈判，要在听取对方意见的基础上达成协议。
- 类型 9：经常被对方占据主动权而无法进行谈判。另一方面，当被迫接受自己无法理解或认同的事情时，就会沉默不语，也有过犹不及的顽固。但沉默会让人觉得像是同意了，所以应尽早表达自己的意见。

第 4 章

学习各类型的优势,以实现个人成长

性情相投的人一起工作会让人觉得舒服，但无法获得成长

和价值观跟自己相似的人在一起会感觉很舒服。此外，即使类型不同，人们也可能很投缘。

如果能和性格相合的人待在一起，感觉会很好，也许这是最棒的事情了。但是一起工作会怎样呢？

比如，原本两个人在工作配合上十分默契。但是，跳槽来了一个不同类型的人，作为增员加入这个工作团队。

过去原本两个人不说话也能配合默契，工作起来非常顺利，但是随着新成员的加入，会出现一个问题接着一个问题，"为什么需要做这个事情""这个工作要做到哪一步呢"，等等，原本的两个人就会觉得很麻烦。

因为有了不同类型人员的加入，所以一开始可能确实会感觉工作变得更加困难了。但是，通过新成员提出的新疑问，说不定可以发现一些低效或无效的工作，从而带来改善的契机。

正因为有了乍一看不合拍的人，才会产生改善的智慧，并且拓展出扩大未来可能性的机会。比如：

"为了让对方能理解，要想办法改进表达方式。"

"正因为这个方向和之前走过的路不一样，所以才能吸收新的

做法。"

"正因为彼此的想法不同,所以才可以进行讨论,一起创造出好的东西。"

这样的经验带来了让自己成长的机会。

从调和彼此的分歧中获得新的发现

有谚语是这么说的,"跟马不合"(不投缘)"刀和鞘不合"(步调不一致),你是不是也有想避开不投缘的人的心理呢。

确实,在职场上你可能会遇到觉得"我真的再也受不了了"的人。但是,人手上又不可能富余到让你可以绕开这样的人去正常开展工作,所以你不得不去和处不来的人接触。

在你觉得"我受不了××"的瞬间,看一看镜子里的自己,你的表情一定很可怕。你不能看对方的眼睛,你会释放出"我不擅长对付你"的信号。从那以后,事情的进展会正如你所想象的那样。

说到合不来的人,我被问过,"合不来的人无论到什么时候都不能互相理解吗?"对于这个问题,我是这样回答的:"没有不能互相理解的组合,而是他们放弃了互相理解。"

要让不同类型的人能够互相理解,可以了解九型人格的九个不同标准。

具体来说，就是把自己的类型标准和对方的类型标准放在一起，可以看出两个标准之间的差异。在思考双方如何修补这种差异时，就会有新的发现。

下面，我举几个案例，一起来思考一下。

成功吸引喜欢分析、独来独往的类型 5 的案例

例如，爱和奉献型的类型 2 为了加强团队合作策划了团建活动。团队成员里有喜欢分析的类型 5。

类型 2 的人在会议上开心地说："如果这样做的话，大家不就会很感恩吗？关系不就会变得更好吗？"

看到这个样子，类型 5 的人的心理活动是："这不是浪费时间吗？有这闲工夫，还不如早点把工作做完，早点腾出时间给自己。"虽然这样想，但是他不会向周围的人说，所以保持沉默。

满腔热血做计划的类型 2 的人对于不怎么发言的类型 5 的人，也会越来越不满。类型 5 的人也会慢慢地出现会议迟到，甚至是缺席的情况。

那么，如果类型 2 的人想和类型 5 的人很好地联动，应该怎么做呢？

类型 5 的人擅长收集和分析信息，所以可以让他给团队做问卷调查，或者调查游戏的道具，等等，找到类型 5 的人擅长的领域，拜托

他帮忙就好了。

然后，把这个工作的结果作为他的输出分享给团队，向团队的其他人展示类型 5 的人的价值观。

这样的话，类型 5 的人就会看到自己被需要，在团队工作时，他们就知道怎么发挥自己的能力为团队做出贡献，知道价值观不同的人也可以很好地合作。

如果用类型 2 的标准来衡量类型 5 的话，就会片面地断定他们不配合，没有干劲。类型 5 的人最后会越来越难受、不满，也无法为团队做出贡献。

如何有效领导安心安全型的类型 6 下属的案例

为了回应类型 3 的上司的信任，类型 6 的下属勤勤恳恳地工作。

某天早上，接到上司指示的下属已经在推进工作了，但类型 3 的上司和其他人在开会的时候改变了想法，傍晚的时候向类型 6 的下属发出了不同的指示。

下属会觉得，这样一来前面的工作就白做了，"这不可以！你应该从一开始就跟我说好！"他会感觉到愤怒。

但是，在类型 3 的上司看来，"会议中讨论出了更好的想法，下达改变的指示是理所当然的事情啊！"

但是，如果上司只下达变更指示而不解释，会让下属产生不信任感。

那么，这种情况下应该怎么办呢？

类型3的上司，如果想要改变工作的程序和方法的话，首先应向下属说明，要感谢下属之前所做出的努力，并向他解释工作方针改变的原因。此外，再告诉他灵活地应对工作是更符合组织期待的，这么做可以获得组织的信任。

对于类型6的下属来说，需要理解类型3的上司的特点，并预见可能会有工作方针的变更等情况，并据此行动。为此，需要将工作程序分解，确定哪些部分最为重要。

换言之，在确定了哪些部分是不会被浪费的前提下开始工作，即使后续方针发生变化，已经完成的部分也不会白费。因此，即使方向改变，也能将损失降至最小。

类型5的上司和类型9的下属配合无间、推进工作的案例

再举一个例子。让我们看看重视数据和依据的类型5的上司，要给陷入困境无法做决定的类型9的下属指导工作的场景。

类型9的人是通过反复做一件事情并用身体去记忆的类型，所以如果过去没有相关经验的话，他们是很难去理解的。所以当这种类型的下属反复问同样的问题时，如果上司采用冷漠的回应方式说"我之

前不是解释过了吗？"，那么之后下属就很难再问出同样的问题了。

类型 9 的人是很难主动去汇报的类型，更偏向于独自承担压力，当上司发现的时候，可能就已经赶不上交付时间了。

那么，类型 5 的上司应该如何向类型 9 的下属做指示呢？

如果是第一次做的工作且没有经验，需要将过程分解为几个步骤，一步一步教他。

首先，让他自己试试看，然后再告诉他做得好和做得不足的地方。如果有错误的地方就指出来，并告诉他应该改善什么。

对类型 9 的人来说，随着不断重复这些工作，就会慢慢形成自己的东西。要让类型 9 的人成长，就需要耐心陪伴。

另外，类型 9 的下属从类型 5 的上司那里收到自己没有做过的事情的指示时，可以让上司展示一下做法，或者给参考模板，或者查看以前负责过的工作里有没有类似的东西。

上司可能会觉得有点麻烦，但是类型 9 是那种一旦记住就不会出错的人，为了避免发生失误，要善于向上司表达自己的需求。

我在这里只举了三个例子，我把各类型的上司和下属的组合中需要注意的事项附在书的最后，以供大家参考。

就像这样，根据不同人的标准去进行沟通，可以发挥每个人的优势，让彼此变成不可或缺的存在。

把各种类型的人聚集起来，才能组建一个好的团队

如果你能组建自己的团队，那么最理想的是把九种类型的人全部集齐。如果团队中有不同的类型，那么可以相互学习彼此的优点，这会使团队变强。

但是，如果这无法实现的话，推荐从下面给出的三个群组开始，每个集齐一名，并且给每个人分配最适合的位置。

▼ 在判断、行动时优先考虑本能的【类型1、8、9组合】
▼ 优先考虑自己感受的【类型2、3、4组合】
▼ 优先使用脑子计算的【类型5、6、7组合】

大家听过"diversity"和"inclusion"这样的词语吗？diversity指的是"多样性"，inclusion是"包容度"的意思。这两个词代表着未来越来越受关注的团队思维方式。

也就是说，团队中人才多样化。吸纳各种属性的人，通过接受差异相互促进，可以对团队经营产生积极的影响。

例如，有位孩子还在学龄前的女性被调到团队中，她不能加班，也貌似经常会因为孩子生病而需要请假。这个时候，如果你觉得她不好用的话，她就真的成了不好用的人。但是如果能以她可能会突然休假为前提分配任务（必要时其他人可以跟进），采取主负责人和副负责人制度等措施，就可以通过这个机会搭建防止工作个人化的机制。

这就是以如何融合"育儿中的妈妈"的属性为目标，建立起让工作富有成效的系统。

除了育儿中的妈妈以外，面对外籍员工、公司合并后原企业的不同等，也要以接受并运用各种各样的属性为目标，在企业中导入新的制度，或者实施培训。

所谓多样性，并不是按照属性区分后，去探究如何特别对待或者如何去接受少数派，"运用、融合每个人不同的特征"才是原本的目的。

因此，充分理解自己和对方是非常重要的。首先请用"九型人格"来理解不同类型的人，然后再进一步挖掘类型无法描述的个体特征。

然后，如果能把很多类型的人聚集在自己的周围，加深对他们的了解，思考让每个人发挥作用的方法，那么自然而然会组成一个好的团队。

各种类型的优点相互碰撞的话，就会产生创新，能够产生同一类型的人无法想象的了不起的想法。因此，在组建团队的时候尽可能地集合各种各样的类型是有意义的。

吸取其他类型的优点，就会成为近乎完美的人

正如我在第 3 章中提到的，九种类型的每一种类型都有其自身的优点。通过吸收其他类型的优点并不断努力弥补自己的不足之处，可以提高自己的能力。

那么，从哪里开始着手比较好呢？作为成长的方向，有以下两种做法。

① 参照自己类型相邻的两个类型（参照图）的特征，反复练习掌握

例如，原本是追求短时间内取得许多成果的类型 3，但如果掌握了旁边类型 4 的特点的话，就可以提出有独创性的想法。更进一步，如果掌握了类型 2 的特性，就能通过向他人做贡献获得快乐。

这样的话，就能控制自己过于突出的特征，在保持平衡的同时与人相处好。第一步要做的是，在身边发掘自己相邻类型的人，积极地吸收那个人身上的优点。

在"九型人格"中，各类型的两个相邻的类型被称为"翼"，"在只依靠一个类型的特征无法顺利进行时，要自然地利用相邻类型的优点。有些人会偏右翼，有些人会偏左翼。

但是，在本书中，比起自然习得，我的建议是通过增加对两翼的刻意学习来获得能力，从而实现成长。比起自然获得，有意识地获得更能加速成长。各种类型的翼的运用例子将在后面叙述。

从九型人格外观图内侧的箭头中，寻找成长的方向

图 4-1 中，指向类型 8 的箭头的出发点是类型 2。这意味着，重视展示力量的类型 8 应该学习的榜样是贡献型的类型 2。

其他类型也一样，以指向自己类型的箭头出发点的那个类型为榜样，学习那个类型的优点，就能获得成长。相反，箭头指向的类型的方向，表示的是压力大时会出现的不良反应。

例如，从类型 8 延展出去的箭头指向类型 5。也就是说，认为力量很重要的类型 8，当面临很大的压力时，会进入用理论武装自己的状态，一味地输入而不输出，会展现出平时不会出现的特征。

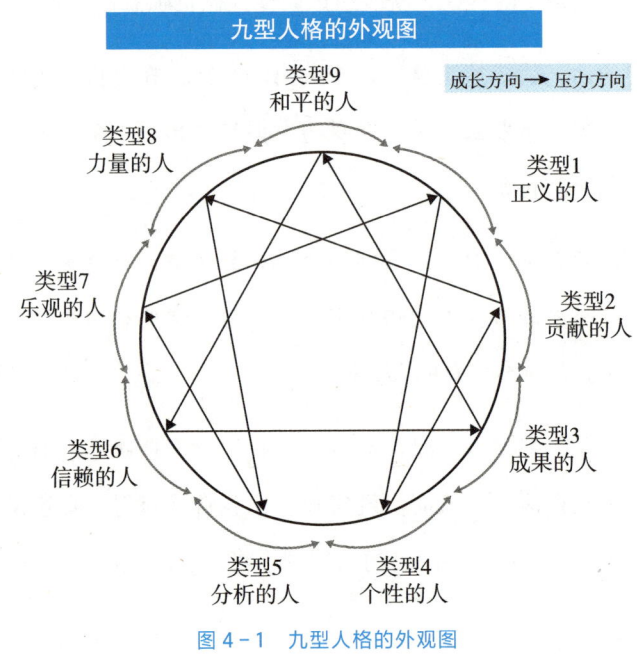

图 4-1　九型人格的外观图

所以，为了取得平衡，要自己去摄入压力方向的类型 5 的优点。

类型 5 的人所具备的优点，是善于收集信息，以及对收集到的信息加以分析。类型 8 的人为了掌握这种能力，不断地积累经验，在这个过程中个体的能力也会增强。

最后，从所有的类型中，直接将想要学习的行为作为榜样就可以了，而不良特征可以被当作反面教材。按照这样的方式，最终可以成为像图 4-1 外围的圆一样完整的人，请朝着这个目标努力。

学习其他类型，是打开可能性的成长的钥匙

最后想告诉大家的是，使用九型人格，从其他类型的人身上学习，是为了让自己成长。观察某一特定的类型，通过模仿它好的特征，可以填补自己类型特征的缺陷，不管是一个、两个还是几个，重要的是尝试去挑战一下。

有意识地依次学习自己不足的东西，朝着最终吸收所有类型的优点的目标，试着将自己作为被试进行实验，以便能够理解并掌握。

这样坚持下去，最终你会发现，周围的人际关系自然而然地朝着好的方向发展了。人际关系只能通过人与人之间的联结来打磨。

剩下的就是合上这本书，开始实践。

各类型都想要成长，应该向哪个类型开始学习以及学习什么呢？我会从"成长方向""压力方向"和"翼"几个方面来讲解，供大家参考。这里说的三个词所代表的意思如下。

- ▼ 成长方向——各类型的榜样（获得成长方向类型的优点）。
- ▼ 压力方向——当每种类型受到压力时出现的不好的方面（有意识地获得压力方向类型的优点）。
- ▼ 翼——各类型相邻的类型（为了取得平衡，要有意识地获得相邻类型的优点）。

应该从其他类型的人身上学习的东西

成长方向——吸收类型 7 的享乐方法。不过度追求完美，随心所欲地对感兴趣的事物进行尝试和探索。有时可以跟大家一起肆无忌惮地享受快乐。

压力方向——学习类型 4 个性丰富、感受力强的一面。有时可以试着摆脱成规，尝试表达自己。不再拘泥于"应该这样"的想法，自由地尝试做自己想做的事。

翼————用类型 9 的豁达来看待周围，努力自我平衡。学习类型 2 的爱和贡献的精神。尝试一下放宽自己的规则，为他人付出，全情投入。

应该从其他类型的人身上学习的东西

成长方向——吸收类型 4 有独创性的想法；接纳自己和别人的个性；不要对对方施加太多的压力，让对方自由地表现出自己的个性。

压力方向——就像类型 8 保护自己人一样，要具备用自己的力量去战斗的勇气。表达的时候容易有过多的细枝末节，试着直截了当地传达想讲的事情。

翼————以学习类型 1 的完美度为目标。虽然不知不觉容易把目光投向别人，但把注意力集中在一件事情上可以提高事情的完成度。

学习类型 3 有效率地在短时间内达成目标的特点。

应该从其他类型的人身上学习的东西

成长方向——像类型 6 一样，恪尽职责，完成分内工作。不要一味追求效率，而是做好准备工作，进行风险管控。

压力方向——像类型 9 一样，创造放松自己的时间，去治愈自己。不仅要实现个人的目标，还要学会与周围保持平衡。

翼————像类型 2 一样，尝试为他人奉献。

像类型 4 一样，你尝试花时间去展现自己的个性，发现新的一面。

应该从其他类型的人身上学习的东西

成长方向——像类型 1 一样，尝试尊重规定和规则。要知道，在遵守组织规定的基础上去提出建议会更容易通过。

压力方向 —— 像类型 2 一样，让自己的个性和独特的创意为他人所用，以获得别人的感谢。尝试有意识地为他人做贡献，把它作为自己的动力源泉。

翼 ———— 像类型 3 一样，不是为了自我满足去提高工作的完美度，而是意识到实现组织目标的重要性。

像类型 5 一样，磨炼收集信息和分析信息的能力，并将其用于自我实现。

类型 5

应该从其他类型的人身上学习的东西

成长方向 —— 像类型 8 一样，把自己掌握的合理依据转化为自信，有时展示自己的力量非常重要。

压力方向 —— 像类型 7 一样，偶尔按照自己的心情和想法行动也是可以接受的。

翼 ———— 像类型 4 一样，不按常理出牌，如果能把积攒起来的信息和分析结果变成发明或发现就好了。

像类型 6 一样，尝试把过去收集的信息、分析的结果运用起来，在组织中创造价值。

类型 6

应该从其他类型的人身上学习的东西

成长方向 —— 像类型 9 一样，偶尔以宽松的心态去面对困难，"总会有办法的"。比起被琐碎的事情牵动心弦，倒不如换个角度去俯瞰事情的全貌。

压力方向—— 像类型 3 一样有效率。因为思考越多，前进越慢，所以当做到六成的时候，边做边思考余下的事就够了。

翼———— 像类型 5 一样有信息收集能力和分析能力，为规避风险做好准备。

像类型 7 一样乐观。不要一个人独自承受不安，而是"和伙伴参与其中，并以在享受过程中推进工作为目标"。

应该从其他类型的人身上学习的东西

成长方向—— 如果学会像类型 5 一样，能够在收集信息并加以精细分析的基础上发表意见，就会变得更强大。

压力方向—— 像类型 1 一样，在行动时注意组织的规定和规则，可以更有序。朝着组织该有的样子去提高每个人的动力，可以实现组织的理想状态。

翼———— 像类型 6 一样，如果可以成为被信任的人，就能为组织贡献力量。

像类型 8 一样有力量，当你能为同伴去努力的时候，领导力就会显现出来。

应该从其他类型的人身上学习的东西

成长方向——像类型 2 一样,如果能以充满慈爱的心与人交往,可以获得巨大成长。其实你本来已经具备这样的心意了,只要表现出来,让对方能感受到就好。

压力方向——像类型 5 一样,如果能把事情背后的信息和分析数据跟对方说清楚,不光是用蛮力去推动,你所说的就会有说服力,也能得到对方的理解和认可。

翼————最好能学习类型 7 的亲近感和轻松感。学习类型 9 保持平衡的特点,不再坚持己见和坚持胜负,而是要走能够引导协作的路线。

应该从其他类型的人身上学习的东西

成长方向——以类型 3 为榜样,为了达成目标而努力就好了。虽然你不擅长为个人努力,但你可以为团队的伙伴而努力,所以可以以达成团队的目标为目标。

压力方向——学习类型 6,只要能够尽力履行所赋予的角色任务,那么不管被赋予什么职责都能胜任。

翼————像类型 8 一样,有时试着承担领导角色,可以获得巨大的成长。

如果能够获得类型 1 的一丝不苟、遵守规则的认真精神就好了。

因为平时就做"如果是我的话会怎么做"的演练,所以在遇到紧急情况或没有可依靠的人的情况下,你可以迸发出意想不到的力量来推动事情。

附录

各类型的对下属的指导方法
和与上司的相处方法

类型 1　上司眼中的下属

类型 1 下属
如果下属追求的目标和上司期望的目标一致，那就很好，但如果不一致，就会给人留下麻烦的印象

▼

【建议】上司认为的重要优先顺序，要及早地和下属共享信息

类型 2 下属
有时候，下属似乎会忽视上司所认为的重要事项，而过度投入自己感兴趣的事情

▼

【建议】建议明确传达工作的目标和优先顺序，让下属寻找最大限度的解决方案

类型 3 下属
虽然可以快速完成工作，但方向可能跟你的指示相悖，看起来是挺棘手的人

【建议】要重新跟他沟通清楚，工作并不是一味求快就好，而是要从工作成果来评定

类型 4 下属
不直接回答问题，也不遵守规定，会让人觉得很难处理

【建议】告诉他遵守团队规定的重要性，并指导他在这个范围内去发挥自己的个人特点

类型 5 下属
对他不输出这一点很不满意，也不知道他在想什么

▼

【建议】告诉他为了让工作可以完美地完成，需要他帮忙收集必要的数据，希望他成为自己的盟友

类型 6 下属
当你想要发起改革的时候，他列出的风险常会让你觉得他是反对势力

【建议】只要告诉他你会做他的支持者，他就可以成为非常忠诚的下属

类型 7 下属
觉得他是一个随意的、没有责任感的人，可能会在中途放弃工作

▼

【建议】他并非放弃工作，而是当他有新想法时会全力以赴地投入其中，因此要指示他必须完成当前的工作

类型 8 下属
让人感觉难以理解其想法，且不太友善，给人难以接近的印象

▼

【建议】虽然可能会有距离感，但如果缩小这种距离感，他可以成为你很有力的帮手。因此，首先需要坦诚地交谈

类型 9 下属
不明确表达自己的主张，所以会让人觉得很着急

【建议】对周围的人比较关注，因此经常控制自己的言论。如果认真倾听，就会发现他有着明确的想法

附 录　各类型的对下属的指导方法和与上司的相处方法

类型 1　下属眼中的上司

类型 1 上司

自己觉得应该这样，可上司觉得应该那样，会觉得工作很难开展

▼

【建议】需要尽早抓住上司的想法，了解他们想要什么

类型 2 上司

这一类型的上司会指手画脚，虽然想让他闭嘴，但又因为他是上司而无法直接说出来，所以压力会积累

▼

【建议】与上司进行重要的意见交流时，需要明确自己的优先级并传达给对方，以便获得对方的支持。这种明确的沟通是非常重要的

类型 3 上司

虽然工作的效率很高，但是工作方向有时会改变，所以看起来没什么连贯性

▼

【建议】这类上司注重效率，但同时也太过灵活。因此，最好了解这种特点，并就优先事项进行讨论

类型 4 上司

有时候会觉得难以理解这类创意独特的上司的想法

▼

【建议】由于这类上司在做出决定后会坚定地执行，因此在做出决定之前与上司达成共识并明确目标非常重要

类型 5 上司

对于上司没有提供依据和背景信息，也不积极表达自己的想法这一点很不满

▼

【建议】比起输出，这种类型的上司更重视输入，建议尽早询问上司在想什么、怎么想的

类型 6 上司

尽管你希望做到完美，但上司通常更注重安心，所以你可能会感到烦恼

▼

【建议】就团队的重要优先顺序是什么，要尽早地与他沟通清楚

类型 7 上司

这类上司总是随意丢下工作，满心愉悦地思考自己的点子，让员工难以理解他们无法集中精力处理其他事务的行为

▼

【建议】要理解上司中途放弃工作是因为找到了新的机会，所以要有意识地将自己的目标定在完成整个工作上，并最终坚持到底

类型 8 上司

虽然想要坚持自己的主张，但觉得上司给人一种压迫感，所以在沟通时感到很困难

▼

【建议】在向上司表达自己的主张时，建议直截了当地传达黑白分明的想法，然后从上司那里获取意见。在传达自己的观点的同时，不仅要尊重对方的意见，也要倾听对方的观点

类型 9 上司

这种类型的上司因为不太表达自己的主张，所以有时会让人认为不够可靠

▼

【建议】因为上司可能会考虑周围的平衡，因此需要更多时间做出决策。可以尝试成为上司的建议者，为其提供有用的决策信息

类型 2　上司眼中的下属

类型 1 下属

太过坚持自己的意见，变得过于拘泥于细节，甚至变得唠叨和固执

▼

【建议】有时候会把目标设定得过高，对团队或成员过于严格，因此回顾团队目标是很重要的

类型 2 下属

为他人和团队奉献，但会担心自己失去机会或地位

▼

【建议】虽然在顺利的时候能够建立非常好的关系，但一旦出现反感或者矛盾，很难达成共识，因此交往保持一定的距离会更好

类型 3 下属

虽然工作速度很快、效率很高，但认为他应该更多地为团队成员做贡献

▼

【建议】因为他可能非常重视效率，所以不要否定他，只需要提醒他也要顾及周围他人即可

类型 4 下属

出于好意帮助他，却没有得到感谢

▼

【建议】有些人可能有不太善于表达感激之情的一面，可能会因此而无法真诚地表达感谢。但并不一定表示其内心没有感激之情，所以不必太在意细节

类型 5 下属

这个人似乎情感比较冷静，需要有理性地解释才能被说服，也很难被说服

▼

【建议】在给他下指令的时候，最好把确切的依据和数据等背景信息一并传达给他

类型 6 下属

忠实地履行职责，但有时会因为担心风险而感到不安，无法采取行动

▼

【建议】当下属感到不安时，你可以耐心地听取他们的想法和表达出"最终责任在我"的态度，这样能够缓解他们的不安情绪

类型 7 下属

他是人群里的气氛制造者；没有完成的工作会想找人帮忙

▼

【建议】总是能够想出新颖的策划案，但却无法完成，因此需要帮助。可以在帮助他的同时，教他完成工作的重要性

类型 8 下属

他看起来不想让人进入他的领域，所以不知道该如何处理

▼

【建议】似乎不希望别人过多干预自己的事情，但是如果你需要他的帮助，他会愿意行动，所以逐渐拉近距离是一个不错的选择

类型 9 下属

因为他有话不直说，所以让人忍不住想多管闲事

▼

【建议】在保持一定距离的基础上，在他觉得有困难的事情上进行沟通就好。虽然决策比较花时间，但因为他是希望自己做决定的类型，所以需要给他时间

附 录　各类型的对下属的指导方法和与上司的相处方法

类型 2　下属眼中的上司

类型 1 上司

这类上司非常严格，有时候会让人觉得他"太过严厉"

▼

【建议】从上司身上学习追求完美的态度。这类上司比起情感和感受更看重应该如何去做，因此与他一起讨论优先事项是个不错的选择

类型 2 上司

想要做出贡献，也希望得到感谢，但是如果上司先行处理很多事情会让自己感到压力

▼

【建议】明确分工，请求上司让自己有机会挑战并得到成长，同时让上司监督自己，这将会是一个不错的处理方式

类型 3 上司

你想要帮助同伴，但是那些注重效率的上司会认为这些行为是浪费时间，导致你的动力下降

▼

【建议】将自己的行为与效率和结果联系起来向上司解释清楚，这样更容易得到认可

类型 4 上司

有时会进行单独行动，看起来无法融入团队

▼

【建议】虽然实际上希望得到关注，但是会有意刁难的人，所以最好不要太明显地接近并主动帮助

类型 5 上司

认为自己为了同伴而做的事情却没有得到共鸣的反馈，感觉对方很冷漠

▼

【建议】意识到需要以逻辑方式向对方传达。在这种情况下，一定要拿出证据，最好有数据的支持

类型 6 上司

认为上司很值得信赖，但他只考虑风险却无法推进工作，感觉有些不足

▼

【建议】提供可以采取的措施以避免上司担心的风险，以及减轻不安情绪的方法，这样会更好

类型 7 上司

虽然上司的策划看起来很有趣，但如果他不能持之以恒，会对其感到不满

▼

【建议】将上司视为负责策划的人，然后将执行方案视为自己的责任，这样就可以成功地实施

类型 8 上司

想要靠近并为上司提供帮助，但感觉很难接近，因此犹豫不决

▼

【建议】勇敢地缩短距离，作为致力于为上司工作的下属，可以建立良好的关系

类型 9 上司

由于过于关注周围的人，导致考虑太多而无法采取行动

▼

【建议】作为上司的支持者，如果能将上司的想法付诸行动，那么上司会感激你，周围的人也会给予你好评

类型 3　上司眼中的下属

类型 1 下属

倾向于注重提高质量而非工作效率；会因为他过于注重细节而觉得麻烦

▼

【建议】注重效率（类型 3）和注重品质（类型 1）的人成为合作伙伴，可以提高工作成果

类型 2 下属

尽管想要快速推进工作进度，却因为被感情牵扯而拖拖拉拉，看起来很拖沓

▼

【建议】与其关注他人的事情，不如将自己的工作放在最优先的位置，重新审视并调整优先级

类型 3 下属

在工作进度上彼此是匹配的，但是不希望他们比自己更引人注目

▼

【建议】正如你希望引人注目一样，对方也有这个愿望。工作成果往往具有短期性，因此最好共同考虑更大的目标

类型 4 下属

虽然想要快速完成工作，但是对方总是跳跃话题或者改变话题，让人感到烦躁

▼

【建议】在充分发挥对方的个性的同时，控制好不要让工作目标偏离轨道

类型 5 下属

对于花费很多时间进行数据收集、背景调查和收集证据的行为，感到很无奈

▼

【建议】他很适合从事需要数据和确凿证据的信息收集工作，因此最好给他留出一定的准备时间

类型 6 下属

尽管希望工作能快速进行，但因为对方总是瞻前顾后，进展总是不尽人意，让人感到烦躁

▼

【建议】由于对方总是担忧风险，你可以倾听他们的担忧，并采取相应的措施来消除这些担忧

类型 7 下属

尽管工作尚未完成，但对方的注意力已经转移到下一个计划，显得有些半途而废

▼

【建议】要么支持对方将工作进行到底，要么让对方完成计划的前 70%，然后自己来完成剩下的 30%，决定好自己的参与方式

类型 8 下属

对方试图保持距离，看起来像是在对上司进行评估

▼

【建议】作为上司，展示自己的能力和影响力很重要，因为对方正关注着这些方面

类型 9 下属

因为对方表现得过于谦逊，看起来缺乏自信，让人忍不住想要逼问他

▼

【建议】即使他们沉默，也不代表他们没有思考。给予他们一些准备时间，然后让他们发言，需要这样的关怀与体谅

附 录　各类型的对下属的指导方法和与上司的相处方法

类型 3　下属眼中的上司

类型 1 上司

从注重效率的下属角度来看，追求完美并过分关注细节的上司可能会让人觉得麻烦

▼

【建议】虽然必须遵守交付期限，但同时也需要灵活地接受上司的坚持，这同样重要

类型 2 上司

上司的工作过于细致或拐弯抹角，让人怀疑是否真的有必要这样做

▼

【建议】注重效率的你可能会忽略一些工作细节，而上司会发现这些问题，所以把他们当作可靠的存在会更好

类型 3 上司

有时候，自己的成果会被归功于上司，即使努力付出也觉得得不到回报

▼

【建议】对于需要持之以恒的工作，彼此都不擅长，所以需要有能够在这方面做得好的团队成员

类型 4 上司

会好奇对方在想什么，由于他们不会直接回答提问，有时会让人觉得烦躁

▼

【建议】从上司那里获得独特的创意，然后付诸实践，将其转化为实际成果，这样你将会变得非常有价值

类型 5 上司

他们不仅不输出成果，而且花费大量时间仔细思考，但这个过程又是无法看到的，让人感到烦躁

▼

【建议】尽管得出结论需要时间，但最终得出的结论是可靠的。你可以选择等待，或者在过程中确认进展

类型 6 上司

尽管想要快速采取行动，但由于上司会不断询问背景、依据和风险，让人觉得麻烦

▼

【建议】上司的分析能力很高，但风险发生的概率不高，只要向他传达在风险发生时的应对方法，就不会有问题

类型 7 上司

虽然思考和行动的节奏很快，但在进行过程中会转向其他事物，让人觉得工作未完成

▼

【建议】他们不擅长将突然想到的事情或进行中的事情付诸实践、完成，如果你能接手这些事情，他们会非常感激

类型 8 上司

会觉得好像自己的内心被看穿了，感到害怕

▼

【建议】虽然可能觉得有些威胁，但对方也只是关心自己是否被看穿，并观察着你。大胆地接近对方会更好

类型 9 上司

由于不擅长做出决断，需要花费大量时间才能得出结论，让人感到烦躁

▼

【建议】他们不喜欢被催促，希望能够自主做出决定。因此，尽可能提供决策所需的信息会很有帮助

职场性格图鉴

类型 4　上司眼中的下属

类型 1 下属

上司希望在工作中发挥个性，但下属试图将自己的规则套用于工作中，让人感到不悦

▼

【建议】遵守规则很重要，但需要让下属认识到其行为与团队规则不符

类型 2 下属

因为在工作不想被插手的某些时候会被他干涉，所以会觉得他多管闲事

▼

【建议】这类型的下属确实有时会多管闲事地抢先把工作做了，所以可以事先告诉他，作为上司希望他做些什么

类型 3 下属

他们非常敏锐，可以察觉上司正在考虑的事情并采取行动，但这可能会让人感到不舒服

▼

【建议】由于他们倾向于自主行动，因此建议定期确认进展情况并表扬他们的表现，以便更好地协调工作

类型 4 下属

有时很难知道他们在想什么，看起来是事不关己的态度

▼

【建议】上司和下属都具有创新思维，因此不要将其思考方式与自己的方式进行二选一，而是在早期与他们一起考虑，这样会更好

类型 5 下属

这种有分析能力和拥有充足的背景和依据来支撑其观点的下属是非常值得信任的

▼

【建议】上司具有创新思维，下属可以提供理性支持。因此，建议双方寻求相互补充的关系

类型 6 下属

在信任关系还在时很可靠，但如果他发现了其他更值得依靠的人，就能察觉到他变冷漠了

▼

【建议】重要的是维持好信任关系，尽量不要表现出喜怒无常或不可靠的一面，否则他可能会远离你

类型 7 下属

这类下属拥有独创性思维，因此可能会被认为是凭空想象就开始行动的。所以，有时候他们的行动让人难以理解

▼

【建议】虽然相互理解很难，但是如果能用上司的毅力来弥补下属的那种容易厌倦的部分就会很好

类型 8 下属

这类下属看起来是不好相处的类型，因此容易互相疏远，甚至不能直面对方

▼

【建议】上司不要过度采用威严的方式，而要尝试与下属建立更亲密的关系，以展示上司可信赖的一面，从而改善这种情况

类型 9 下属

因为他是那种不直接表达意见的类型，所以会让人很烦躁

▼

【建议】要理解他不表达意见的原因是为了保持与周围人的平衡，因此等待也是很重要的

附 录　各类型的对下属的指导方法和与上司的相处方法

类型	
4	**下属眼中的上司**

类型 1 上司

不想被规则束缚，想随心所欲地行事，但却因为受到细节上的指摘而感到受限

▼

【建议】当你觉得自己被上司的框架所限制时，会想要反抗。不过，你可以询问上司认为哪些方面很重要，这会更有帮助

类型 2 上司

虽然不想被上司干涉，但又希望得到上司关注，因此可能无法坦率地回应

▼

【建议】需要上司帮忙时，只要开口他会非常乐意帮忙，所以只要表达感谢并且信任对方就好了

类型 3 上司

认为上司的节奏快，处理事情也很灵活，但是想要跟上他的步伐有时很难

▼

【建议】在能够跟上的地方跟上，而在想要坚持自己想法的地方事先沟通，把时间预留出来即可

类型 4 上司

虽然下属也想实现自己的想法，但和上司的独创想法会有冲突，所以有时下属会感到有压力

▼

【建议】双方之间的指向性不同，很难沟通到一起，所以最好可以加入其他的团队成员

类型 5 上司

上司的信息量和分析能力令人感兴趣，容易产生共鸣

▼

【建议】在追求工作成果的角度考虑，不仅要和上司一起工作，还应该加入擅长输出的成员

类型 6 上司

他们有稳健的思考方式，因此对于独创的想法被否决会感到不满

▼

【建议】由于上司会对超越其思考范围的思维和行为感到不安，因此建议进行细致的沟通和报告

类型 7 上司

即使花了很多时间让这类型的上司去理解自己独特的想法，上司也可能会很快将兴趣转向另一个方向

▼

【建议】仅两个人合作是不够的，最好将那些能够将想法变为现实并能够管理时间表的人纳入进来

类型 8 上司

看起来是会夺人自由、会控制的可怕的人

▼

【建议】对于这类上司来说，他们会对下属很感兴趣，因此如果你能进入他们的内心，他们可能会开始喜欢你并关注你

类型 9 上司

即使自己提出了独特的想法，但是被上司出于会破坏周围和谐氛围的考虑而驳回，让人很不满

▼

【建议】上司为了重视与周围的和谐，他们可能需要更多时间来做出决策，因此，提供信息并让周围的人了解想法，可能更容易得到支持

149

类型 5 上司眼中的下属

类型 1 下属
尽管他们经常提出主张，但他们的依据似乎不够充分，因此，别人可能认为他们只是口头支持工作

▼

【建议】他们是改革团队所需的人才，如果他们能够提供充分的依据，加上别人的支持，那么他们可能会成为良好的合作伙伴

类型 2 下属
在上司看来，无法理解他为什么这么喜欢涉足别人的工作，希望他可以放手不管

▼

【建议】重要的是先传达自己的态度；要注意这类型的下属相对于逻辑会更注重感情

类型 3 下属
他们以八面玲珑的态度冷静观察，使得他们的真正想法不易被察觉，给人一种不真诚的印象

▼

【建议】为了提高下属的工作精度，可以教授他们了解数据和依据的重要性

类型 4 下属
很难理解这类下属在想些什么，而且即使问了也不会得到回答，让人感到沮丧

▼

【建议】由于他们缺乏分析所需的信息，因此可以向下属详细地询问以收集更多信息

类型 5 下属
由于他们都是信息收集和分析的类型，因此他们感到彼此非常舒适

▼

【建议】由于他们花费了大量时间来输入信息并很难输出，因此最好将输出能力强的人员纳入工作中

类型 6 下属
尽管可以理解担心过多的下属所持有的不安，但下属似乎缺乏客观性

▼

【建议】要赢得下属的信任，重要的是认真听取他们的意见和建议。为了消除下属的担忧，可以提供支持和数据

类型 7 下属
完全无法理解这种会中途对其他事情转移兴趣的下属

▼

【建议】首先把对方当作和自己不同类型的人，虽然很难相互理解，但是应该从他们身上学习享受人生的态度

类型 8 下属
由于彼此都不太健谈，情感表达也很少，因此很难知道他们在想什么

▼

【建议】可以提供数据作为支持来证实下属所得出的结论

类型 9 下属
老老实实不怎么表达自己意见的类型，所以不知道该怎么处理他

▼

【建议】如果一味地强调理性，他们可能会像蜗牛一样缩头并闭上嘴巴，重要的是给他们足够的时间来做出决定

附 录　各类型的对下属的指导方法和与上司的相处方法

类型 5　下属眼中的上司

类型 1 上司

有时会对没有依据的优先级排序或上司制定的规则无法达成共识

▼

【建议】对于指示，可以尝试巧妙地询问为什么这很重要，并询问依据和数据等

类型 2 上司

似乎是一个容易受情绪影响的上司，因此在他做出判断时，你很难看到依据并且难以理解

▼

【建议】他们倾向于基于情感做出判断，因此即使后续想到逻辑依据也可以提供给他们，他们会感激不尽

类型 3 上司

这类立即做出判断的上司，经常让人感到困惑。尽管他们会解释原因，但似乎缺乏充分的支持

▼

【建议】如果他们认为某些支持或数据不足，请帮助他们找到足够的支持和数据。这样做会使他们非常信任你

类型 4 上司

有时候，可能无法理解上司太过独创的想法

▼

【建议】由于上司会提出超越现实的想法，因此，如果你能从所掌握的信息中逻辑地组织这些想法以实现它们，那么就会得到好评

类型 5 上司

由于有共同的语言，因此他们感到对方的话很容易理解

▼

【建议】由于他们很可能会陷入评论家式的对话，因此在考虑如何将其应用于实际业务时，可能需要其他类型的人的帮助

类型 6 上司

由于上司对风险很敏感，他们似乎倾向于选择不采取行动

▼

【建议】如果能为上司提供安全的资料，他们就会信任你。为了采取行动，可能需要其他类型的支持和帮助

类型 7 上司

由于上司经常会突发奇想，所以按照指示行动会让人感到不安

▼

【建议】由于上司经常有不同寻常的想法，如果可以将这些想法与现实联系起来，并利用逻辑将其变为现实，那么你将会受到上司的信任

类型 8 上司

他们做决策的速度很快，一旦决定就立即执行，让人感到跟不上他们的节奏

▼

【建议】由于上司很明确自己的想法，所以对于上司感兴趣的事情，平时要及时收集相关信息

类型 9 上司

他们看起来不可捉摸，很难知道他们在想什么

▼

【建议】由于上司很重视直觉和经验，因此可以准备过去的案例和数据，以便上司可以更容易地做出判断并感到放心

类型 6　上司眼中的下属

类型 1 下属
上司希望稳妥安定地去进行团队运营，而这类型的下属却想进行改革，所以上司觉得他们是麻烦制造者

▼

【建议】首先要让团队的共同目标得到理解，重视完成度，在一定的限制条件下实现目标

类型 2 下属
容易不安的上司面对爱操心的下属，会觉得这样的下属很难得，但是如果下属干涉过度的话会让人很烦躁

▼

【建议】最好能够明确要求下属在何种程度上做什么事情以及为什么这样做

类型 3 下属
话题会不断地切换，也缺乏报告、商量、联络的习惯，会让人感觉跟不上这类型的下属的工作节奏

▼

【建议】快速完成工作固然重要，但更重要的是提高质量，因此建议你指导下属提高沟通能力和报告工作的效率

类型 4 下属
下属的独创性思维超出预期，这让你感到兴奋和不安

▼

【建议】你可以接纳下属的独特个性，但同时需要对团队所需要的方向进行充分的解释和说明，帮助他们将自己的思维纳入团队的整体规划中

类型 5 下属
对于帮助解决上司的烦恼，这类下属是一个很棒的存在，只要向他提出要求，他就会提供逻辑上的证据，是非常难得的存在

▼

【建议】首先，重要的是尽早告知对方自己想要的信息，以便让他可以及时地提供反馈

类型 6 下属
类型⑥的上司通常更倾向于谈论自己的不安因素，看起来相同类型的下属能够感同身受

▼

【建议】虽然考虑不安因素作为风险是必要的，但重要的是要考虑它们发生的可能性并采取相应的对策

类型 7 下属
无法理解这类型的下属半途而废的行为，对其无法好好地完成本职工作而生气

▼

【建议】从一开始就要记得这类型的下属的特征就是只能做 70%，余下的 30% 要与其一起完成。这是一种比较好的方式

类型 8 下属
虽然下属很可靠，但同时也会觉得面对他有压迫感

▼

【建议】如果试图强行控制对方，那么对方会反弹。对于可靠的下属，应该信任并依赖

类型 9 下属
看上去从容不迫的样子，让人惊讶于他为何能如此放松

▼

【建议】虽然没有必要通过激发不安因素来解决问题，但应该鼓励他在规定的时间内完成他应该做的任务

附 录　各类型的对下属的指导方法和与上司的相处方法

类型 6　下属眼中的上司

类型 1 上司
由于他的规则和主张很明确，所以作为上司来说很容易相处

▼

【建议】有时他可能会把自己的优先事项放在团队的优先事项之前，所以应该进行确认

类型 2 上司
他是一个温柔并乐于助人的上司，让人感到很放心并且可以充分发挥实力

▼

【建议】他可能会过度干涉工作并提供意见和帮助，因此需要表达想要自己完成分配的任务的意愿

类型 3 上司
他可以迅速地完成工作，但他有时会忽略风险，这让人很担心

▼

【建议】上司负责进攻，下属负责防守，如果能按照这样的分工就可以成为很好的伙伴

类型 4 上司
这类上司突飞猛进的想法和提案，会让人异常担心

▼

【建议】由于无法读取其内心思考，因此应当询问他是如何得出这样的想法的，并且在将这样的想法付诸实践时，告知可能会出现的风险

类型 5 上司
对方是一个珍贵的存在，能够仔细分析自己所担心的事情并以逻辑方式表达出来

▼

【建议】由于他通常不会主动表达自己的问题，因此建议在提出咨询时尽早披露自己的担忧，这样可以得到更好的建议

类型 6 上司
由于双方都会进行风险管理，所以他们之间的交流非常愉快，氛围也很好

▼

【建议】由于他们倾向于在不安因素上卡住而无法采取行动，因此可以考虑引入其他类型的有行动力的成员

类型 7 上司
上司过于注重自由的思考和想法，会让人不禁捏一把汗

▼

【建议】上司常常会交付很多为灵光一现的想法进行策划的工作，因此重要的是在推进过程中定期确认优先顺序，而不是将所有事情都变成实际计划

类型 8 上司
看起来是一个可靠的上司，会认同他的担忧和对风险的关注

▼

【建议】尽管一开始可能很难接近上司，但只要能够满足上司的期望，那么上司也会保护下属

类型 9 上司
上司温和并注重团队合作，让人感到很舒适

▼

【建议】由于上司对新事物有所抵抗，而下属则更喜欢熟悉的方式，因此引入具有创新想法的人员可以激活团队

类型 7　上司眼中的下属

类型 1 下属

自己明明想要开心地做事，但下属却会严肃地追问，还有很多的主张，看起来是挺难相处的人

▼

【建议】这类型是能够帮助自己把想象、思考和策划实现的人。因此，应该共享想法并请求合作来推进项目

类型 2 下属

下属希望可以随心所欲，但会因感到被过度照顾而觉得麻烦

▼

【建议】为了更好地相处，建议保持距离，需要他做的事情巧妙地吩咐他即可

类型 3 下属

工作非常快速利落，表现出可靠的形象

▼

【建议】如果能够与下属合作并将想法转化为成果，那么工作就会更加容易

类型 4 下属

上司会觉得这类型的下属很有意思，对他的神秘思考方式感到好奇

▼

【建议】上司更关注未来，而下属更关注过去。因此，需要集中精力于现在，重要的是讨论如何解决实际问题

类型 5 下属

对擅长突发奇想的上司来说，对重视依据和证据的下属解释这些想法，让人感到很烦

▼

【建议】必须考虑到双方的优先级不同，否则就会互相理解不了

类型 6 下属

乐天派的上司面对爱操心的下属，会希望下属可以更轻松地行动起来

▼

【建议】应该积极地看待下属的担忧，并给予他们团队中执行的角色，这会使他们更有信心

类型 7 下属

虽然跟这类下属聊起天来觉得不亦乐乎，但最终却无法完成工作，会让人感觉焦虑

▼

【建议】由于在工作中很难一起完成任务，所以最好吸引那些能把想法付诸实践的人加入进来

类型 8 下属

给人的感觉很稳重，看起来有威慑力，因此对方希望与他保持距离并避免接触

▼

【建议】尽管一开始可能有点难接近，但如果能够接近他，就会发现他很真诚与友好

类型 9 下属

反应速度比较慢，让人觉得不知道他在想什么

▼

【建议】他需要一些时间来考虑并做出决定，如果试图用自己的想法推动事情的进展，可能会让对方感到困惑。因此，给他一些准备时间会更好

附 录　各类型的对下属的指导方法和与上司的相处方法

类型 7　下属眼中的上司

类型 1 上司

对于想要自由发挥的下属来说，上司可能看起来比较严格

▼

【建议】受限于规则是令人不愉快的事情，但是在成长过程中这是必要的。因此，如果将其视为学习的机会并享受其中，会更有益

类型 2 上司

由于这类型的上司会非常友善地提供支持，因此会导致下属容易变得依赖他们

▼

【建议】依赖上司很容易，但为了自己的成长，最好向上司传达希望他以一种监护的姿态来参与你的工作的意愿，而不是完全依赖他

类型 3 上司

由于这类型的上司可以非常快速地完成工作并且取得成果，因此下属会觉得他们非常了不起

▼

【建议】可以从那位能够快速将自己的想法付诸实践并且取得成果的上司身上学习方法和技巧，这样会有所收获

类型 4 上司

在创意和想象力方面，有一些相似的部分

▼

【建议】这类型的上司比较有毅力，值得学习。但当只有两个人一起工作时，效率是无法期待的，可以考虑加入其他类型的人员以提高效率

类型 5 上司

对上司言辞背后的依据和分析感到敬佩

▼

【建议】上司往往会认为随口说出的话语是绝对不行的。因此，在与上司交谈时，需要做好一定的准备，并从上司身上吸取能够学习的东西

类型 6 上司

下属会觉得上司为什么不想得更简单一点呢

▼

【建议】上司和下属的想法都没有错，如果加入能够调解两方想法的成员，就可以保持平衡

类型 7 上司

看起来有很多想法和讨论，在一起共事非常愉快

▼

【建议】尽管双方在想法和创意方面合作很愉快，但是实际上很难被接受。因此，需要引入其他类型的成员以实现平衡

类型 8 上司

上司看起来非常严厉和难以接近

▼

【建议】由于上司喜欢拥有自由想法的下属，因此他们的性格并不一定很糟糕。但是，为了将工作最终完成，需要其他类型的帮助

类型 9 上司

上司会认同下属的新想法，所以他是一个支持者

▼

【建议】由于只有这类上司和下属的组合是无法推动工作向前的，因此需要其他类型的成员来推动工作向前发展

职场性格图鉴

类型 8　上司眼中的下属

类型 1 下属
由于他们总是有力地主张和挑战，让人感到很有压力并往往会与他们对抗

▼

【建议】为了将他们转化为盟友，首先需要进行对话，需要耐心地寻找共同目标

类型 2 下属
不希望这类型的下属过度地干涉自己的工作，但他却试图拉近彼此的距离

【建议】这类型的下属会为你做很多事情，若他们想要靠近你的话，应当好好地相处。如果他们的热情让你感到困扰，可以告诉他们你想要的距离感

类型 3 下属
他们的手腕和行动都很出色，但这有好有坏

▼

【建议】对于下属来说，由于交流比较少，不知道上司在想些什么。因此需要事先告诉他们你的期望，否则可能会发生沟通问题

类型 4 下属
彼此难以看懂对方在想什么；对于模棱两可的东西很难理解

▼

【建议】直接给下属建议或批评往往不会有什么效果。重要的是共享目标，并让他们自己去完成任务

类型 5 下属
他们只注重输入而不输出，这让人感到非常不满

▼

【建议】对于那些只说出结论的上司，他们的下属往往更喜欢依赖和支撑。因此，需要考虑分工，以便彼此更好地相互协作

类型 6 下属
在自己处于优势的情况下，似乎可以与对方建立起一种忠诚的关系

▼

【建议】在告诉下属"最终责任在自己"的同时，可以逐渐给他们一些挑战，这样他们才能成长

类型 7 下属
常常只是口头在讲，会给人留下不可信任的印象

▼

【建议】理解他们思考各种想法并非坏事，并且理解他们只是不擅长把想法付诸实践，完成它们可能需要更多的努力和时间

类型 8 下属
当认为对方比自己更强时，就会感到不安，需要确定谁更优秀

▼

【建议】不要试图较量，而是要寻找对方的优点，并加以认可；不要用胜负来决定一切

类型 9 下属
这类型的下属非常顺从，但当感到恐惧时，他们会不敢说出任何话

▼

【建议】下属并不是不会思考，只是不容易表达自己的意见。由于他们需要准备，因此要及早告知自己的期望

附 录　各类型的对下属的指导方法和与上司的相处方法

类型 8　下属眼中的上司

类型 1 上司
这一类型的上司非常强势，会让人想要保持距离并避免接触

▼

【建议】不要与上司竞争，而是要找到他们令人钦佩的地方，并加以尊重

类型 2 上司
有时会对这种过于多管闲事的上司感到不满

▼

【建议】由于希望自己的事情自己处理，并不想被过度控制，因此需要向上司明确表达自己的意愿，并期望他们提供作为上司的支持

类型 3 上司
这类上司的思考方式让人感觉有些轻浮；由于过于灵活，有时候难以跟上他的思路

▼

【建议】由于上司们没有表现出努力，他们说话的语气听起来可能有些轻浮。可以通过了解背景来了解他们的思考方式

类型 4 上司
不明白上司在想什么，他们的指示也很难理解，导致下属会对指示感到困惑

▼

【建议】虽然下属希望上司能够明确地解释，但上司并不擅长这么做。由于只由两个人负责某项任务可能很困难，因此需要其他类型的人来帮助

类型 5 上司
这类上司过于注重理论。下属认为最好的方式是先去尝试做，但上司缺乏实际行动力，让下属感到不满

▼

【建议】要理解这位上司需要花费时间整理思路，需要先提供决策所需的信息，然后帮助他更快地做出决定

类型 6 上司
上司有些优柔寡断，让人感觉不可靠

▼

【建议】可以作为支持上司的角色，在自己擅长的领域中寻找能为上司助力的方法。例如，尝试接手谈判等事项

类型 7 上司
这类上司行事随意，让人觉得他在工作中无法坚持到底

▼

【建议】建议上司学习如何营造团队氛围、提高士气和团队凝聚力的能力，这对类型 8 下属来说也非常重要

类型 8 上司
这类上司往往会让工作变成一场力量之争，因此很容易沉迷于胜负之争

▼

【建议】发掘上司的优点并予以尊重，缩小与上司之间的距离，以便接近上司

类型 9 上司
上司经常表现出无法做出决策的不可靠形象

▼

【建议】无法做出决策的原因可能是过度考虑周围环境的影响。不要逼迫上司做出决策，而是提供必要的信息和自己的意见

类型 9　上司眼中的下属

类型 1 下属

这类上司属于很难做出决定的类型，面对向自己施加压力的下属会感到威胁

【建议】一起讨论理想的状态，寻求合作，共同打造上司设想的完美状态

类型 2 下属

这类部下非常值得信赖。他们会自行处理许多工作，这对上司来说很有帮助

【建议】如果一直对下属提出各种要求，就会建立起依赖关系。一旦试图结束这种关系，下属可能会反感。因此，要清楚地分配工作角色

类型 3 下属

总是追求眼前的目标并迅速完成工作，但有时会因为被迫做出决策而感到局促不安

【建议】倾向于展现自己的能力，因此应该注意保持与周围人的平衡，同时提醒其完成工作时需要考虑这一点的重要性

类型 4 下属

虽然认为下属有些古怪，但也认为其有着有趣的地方

【建议】面对这种具有创造性想法的下属，引导其平衡个人和团队的关系是至关重要的

类型 5 下属

对于更加注重实际体验和经验的上司来说，这类考虑问题更多依靠头脑的下属可能会显得过于理论化

【建议】这些下属往往倾向于沉溺于理论分析，因此向他们传达体验的重要性会有所裨益

类型 6 下属

对于常觉得"没问题，能解决"的上司来说，面对这种表达风险的下属会觉得麻烦

【建议】在推进事情时，共同明确最终责任的承担者等事项，是让下属在工作中保持舒适心境和努力工作的诀窍

类型 7 下属

虽然这一类型的下属拥有开朗的乐观主义者的性格特点，但周围的人可能会认为他们比较浮躁

【建议】因为这类下属具有经常自行改变方向的倾向，可以通过掌握其特点，给予成功体验的机会

类型 8 下属

这类下属的存在感或威压感令人感到不适，有种喘不过气来的感觉

【建议】应确保下属充分理解要做什么、为什么要做，并考虑在不拘泥于上下级关系的情况下可以采取什么措施

类型 9 下属

与这类下属可以进行无关痛痒的谈话、保持距离感适中的关系，因此感觉很舒适

【建议】在工作中，这两类人聚在一起也难以推进工作，所以要请能够使工作稳步推进的人参与进来

附 录　各类型的对下属的指导方法和与上司的相处方法

类型 9　下属眼中的上司

类型 1 上司

这类上司看起来很严格，当他说"你应该……"时，会令人感到很局促

▼

【建议】虽然严格的上司可能对注重灵活性的下属有些苛刻，但下属要认识到，上司的角色使他必须平衡团队的运作

类型 2 上司

上司对人非常理解且包容。因为有被保护的感觉，所以很舒适

▼

【建议】因为舒适度过高，可能会失去成长机会，需要具备"自己能做的事情自己去做"的态度

类型 3 上司

因为上司重视成果、结果和速度，所以感觉自己总是被责备

▼

【建议】虽然上司有时会催促你，但把你的想法说出来很重要，即使只是中间过程也没关系

类型 4 上司

喜欢独创性和与众不同的事物，因此感觉其在职场中显得很突兀

▼

【建议】需要理解上司的想法并提供支持，思考需要什么来帮助其平衡周围，以及如何做到这一点

类型 5 上司

这类上司逻辑性很强，总是一本正经地讲道理，有时候会让人觉得只是思考，行动却停滞不前

▼

【建议】需要让他明白通过经验积累思考，比单纯用头脑思考、输出是更加适合他们的方式，这一点非常重要

类型 6 上司

感觉上司有些心事，想知道自己是否能帮上忙

▼

【建议】为了平衡周围的关系并消除上司的不安，最好能够采取行动

类型 7 上司

羡慕上司自由自在地行动的部分

▼

【建议】上司会在自己做不到的部分帮助自己，为了支持这样的上司，应该在自己的擅长领域做出贡献，并努力工作，以获得认可

类型 8 上司

一旦觉得上司"在为了什么生气"时，就会感到害怕和担心

▼

【建议】上司不一定是生气，只是在观察周围环境，保持平常心接近上司，这会有助于稳定心态

类型 9 上司

这类上司性格温和，相处起来让人感到舒适

▼

【建议】找到需要完成的工作并明确目标；要想完成创意性的工作，最好把其他不同类型的人也纳入团队中

结语

非常感谢你抽出时间读完这本书。

在众多的商业书籍中，如果你遇见和阅读这本书后得到了解决人际关系问题的窍门，作为作者，我会感到非常高兴。

在接触九型人格之前，我和大家一样，对某些类型的人有好感，对某些类型的人则不太喜欢。例如，我可能会认为"那个人最好能避开""那个上司不认可我""那个下属很麻烦"，等等。但我意识到在项目工作中，如果能处理好人际关系，就能取得比预期更好的成果。

相反，如果人际关系不好，就难以协作，或者出现失误，进而导致工作效率低下的情况。

然而，在选择项目成员时，我们不能总是只选择自己喜欢的人作为伙伴。有时候我们会遇到难以相处的人、个人主张过于强烈的人或者不愿表达自己意见的人，我曾经为应该如何处理而苦恼不已。

我曾试图"公平对待"和"让对方感到舒适"，但是有时候可以处理得很好，有时候却难以取得成果，我意识到我所学的沟通技巧并非万能的。

正是在这种情况下，我遇到了九型人格，我了解到人分为九种人格类型，我了解了自己属于类型3，并且进一步理解了家庭和职场中其他人的类型。

通过不断学习我了解到，"我认为很普通的事情，在他人看来并不一定是普通的""我透过自己的有色眼镜来看待人和物"。

当我意识到这一点时,我与周围的人关系发生了戏剧性的改善。

以前,我总是试图向别人灌输我的价值观并说服他们。如果对方能够共鸣,我会因为得到赞同而非常愉快,但如果价值观不同,那么我只能行使职位权力,强制要求他们说"是",或者导致谈判破裂。

如果一直使用这种方法,结果时好时坏是很正常的。即使使用了各种沟通技巧,成功的概率也不会太高,这是显而易见的。

本书是从分析难相处的人开始的,但也请尝试分析自己的类型。也许你不能立刻找到自己的类型,但是只有了解自己的类型和其他人的类型,才能建立良好的关系。

本书并非只旨在分辨出不同的人格类型,即使能够做到将人分成九种类型,依然要认识到由于每个人成长的环境和经验都不同,所以最终仍需要付出更多的努力去理解每个人。

当我们掌握了这种能力,就能把职场上觉得难相处的人变成自己的盟友。

难相处的人消失了,交流上的困难也就消失了。团队成员之间的沟通变得更加顺畅,协作也变得更加紧密,每个人都可以发挥自己的长处,成为一个团结的团队。

这样一来,团队也将获得巨大的好处。

不论是"这个请你帮忙""那个我来做吧",还是"让我来解决这个问题",每个人都能毫不吝啬地展现自己的优势。如果能打造这样一个团队，那不是很棒吗？

"一想到要怎么对付难以管理的下属，会变得不安和烦躁。""一想到明天开会可能又要被上司骂，就不想上班了。"

仅仅是这样想，你的工作效率就会下降。

相反，如果没有阻碍你行动的障碍物，如果周围没有阻碍你的人，你的工作效率会提高多少呢？

我在这里感受到了巨大的可能性。

如果这种障碍不存在的话，不仅可以提高你的工作质量和速度，还可以提高部门和整个公司的业绩。

此外，日本的公司尚未完全发挥人才的作用，如果通过这种技能改善职场人际关系，团队的潜力得以开发，日本社会的复兴和恢复将不再是梦想，我是认真地这么想的。

对于个人能力的发展，如果掌握了这种技能，个人的价值会提高，无论去哪里，都能与任何人共事。如果你将本书中提到的技能作为工具，在工作和私人生活中加以利用，过上丰富多彩的生活，那么我会感到无比地荣幸。

最后，我要由衷地祝愿所有读者都能够成功地发展自己的职业生涯，感谢你们读完这本书。非常感谢！

SHOKUBA NO "NIGATE NA HTTO" WO SAIKYO NO MIKATA NI KAERU HOHO

ISBN：978-4-569-84302-5

Copyright © 2019 by Ai KATAGIRI

Illustrations by Wataru YAGI

First original Japanese edition published by PHP Insitute, Inc., Japan.

Simplified Chinese translation rights arranged with PHP Insitute, Inc. through Bardon Chinese Creative Agency Limited.

Simplified version © 2023 by China Renmin University Press.

All rights reserved.

本书中文简体字版由 PHP Insitute, Inc.,Japan 通过博达授权中国人民大学出版社在全球范围内独家出版发行。未经出版者书面许可，不得以任何方式抄袭、复制或节录本书中的任何部分。

版权所有，侵权必究。

北京阅想时代文化发展有限责任公司为中国人民大学出版社有限公司下属的商业新知事业部,致力于经管类优秀出版物(外版书为主)的策划及出版,主要涉及经济管理、金融、投资理财、心理学、成功励志、生活等出版领域,下设"阅想·商业""阅想·财富""阅想·新知""阅想·心理""阅想·生活"以及"阅想·人文"等多条产品线,致力于为国内商业人士提供涵盖先进、前沿的管理理念和思想的专业类图书和趋势类图书,同时也为满足商业人士的内心诉求,打造一系列提倡心理和生活健康的心理学图书和生活管理类图书。

《职场人格 AI 测试:让沟通更有效的行为观察术》

- 自从我们的世界变得高度互联,人与人之间反而变得相互猜忌,因此,我们比以往任何时候都更难与新朋友沟通并建立信任。
- 人格 AI 综合运用人格心理学、数据科学和机器学习创建人格画像,能够帮助职场人士利用数据构建有意义的关系,打破沟通障碍,与他人共情并建立和谐的关系,从而赢得更多的机会,实现个人的加速成长。

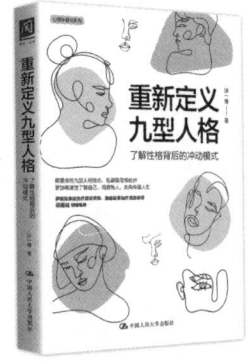

《重新定义九型人格:了解性格背后的冲动模式》

- 风靡全球的性格心理学,HR 和管理者必备技能。
- 精准了解自己,洞察他人。
- 发挥性格优势,补足性格短板。
- 萨提亚家庭系统治疗资深讲师邱丽娃倾情推荐。